Marcel Messing
Ein unwegsames Land

Marcel Messing (geb. 1945) ist Anthropologe, Philosoph und Religionswissenschaftler. Er ist Autor zahlreicher Bücher und hält Vorträge über Spiritualität und Mystik. In seinen Werken strebt er die Synthese zwischen östlicher und westlicher Weisheit an. Bei Patmos erschienen: *Das Thomasevangelium. Seine östliche Spiritualität* (zusammen mit Erik van Ruysbeek).

Ein unwegsames Land

Die Kunst des Loslassens

Aus dem Niederländischen
von Eva Thielen

Mit Illustrationen von Friedel Schmidt

Patmos

Titel der niederländischen Originalausgabe:
Een land zonder pad. Stromend als water
1999 Altamira, Heemstede

Bibliografische Information der Deutschen Bibliothek

Die Deutsche Bibliothek verzeichnet diese Publikation
in der Deutschen Nationalbibliografie;
detaillierte bibliografische Daten sind im Internet über
http://dnb.ddb.de abrufbar.

Reihenkonzept und Einbandgestaltung:
Gudrun Pawelke, Büro für Ausdrucksfindung
Umschlagbild: © Jakob Thür, Edlibach, Schweiz
Printed in Germany
ISBN 3-491-71300-5
www.patmos.de

Für Erik van Ruysbeek

»Es gibt nur eine Sache«
Alle Dinge sind eins ...

Ich behaupte, dass die Wahrheit ein unwegsames Land ist und dass es keine Pfade gibt, die zu ihr hinführen – keine Religionen, keine Sekten ... Die Wahrheit ist grenzenlos, sie kann nicht konditioniert, sie kann nicht auf vorgegebenen Wegen erreicht und daher auch nicht organisiert werden. Deshalb sollten keine Organisationen gegründet werden, die die Menschen auf einen bestimmten Pfad führen oder nötigen. Wenn ihr das einmal verstanden habt, werdet ihr einsehen, dass es vollkommen unmöglich ist, einen Glauben zu organisieren. Der Glaube ist eine absolut individuelle Angelegenheit und man kann und darf ihn nicht in Organisationen pressen. Falls man es tut, wird er zu etwas Totem, Starrem; er wird zu Gier, zu einer Sekte, einer Religion, die anderen aufgezwungen wird. Die Wahrheit wird in Formen gepresst und zu einem Konsumgut für die Schwachen, die nur eine momentane Unzufriedenheit spüren. Der Mensch kann die Wahrheit nicht zu sich herabziehen, sondern muss sich bemühen, zu ihr aufzusteigen.

J. Krishnamurti

Inhalt

Ein erster Schritt im unwegsamen Land

Weil Wasser ... selbst dahin fließt,
wo kein Mensch sein mag,
kommt es dem Weg nahe.
Lao Tse

Wir sind ständig unterwegs, krampfhaft auf der Suche nach dem richtigen Weg. Bereits geebnete Wege werden von uns bevorzugt. Nur selten verweilen wir an der Stelle, wo wir uns gerade befinden. Und wenn wir dennoch einmal anhalten, stehen wir trotzdem nicht still, denn unser Geist ist immer in Bewegung. Er wandert in die Vergangenheit oder in die Zukunft, nach links oder rechts, nach oben oder unten. In unserem Geiste beschäftigen wir uns unentwegt mit Wünschen, Bedürfnissen, Zielen. Könnte ich das Glück von gestern doch nur festhalten; dieses muss ich behalten, jenes muss ich loslassen; ach, wäre ich doch erleuchtet.

Verlassen wir die ausgetretenen Pfade, so findet unsere rastlose Jagd ein Ende. Schritt für Schritt gelangen wir zu der Erkenntnis, obwohl wir vielleicht gerade unterwegs zur Arbeit, nach Hause, ins Theater oder zu Freunden sind, dass das Ego wie ein vielfarbiges Bonbon ist, das die unterschiedlichsten Farben des Verlangens annimmt. Erst wenn es uns gelingt, das Verlangen auszulöschen, wird unser umtriebiger Geist zur Ruhe kommen. Aber diese Ruhe des Geistes lässt sich nicht durch Beherrschung oder Unterdrückung oder durch forcierte Übungen erreichen, sondern nur durch Erkenntnis, Wahrnehmung und Achtsamkeit. Erst dann werden wir erkennen, dass sich alles hier und jetzt abspielt. Dass alles hier und jetzt vollständig vorhanden ist. Dass alles seine vollkommene Ordnung hat. Dass nichts hinzugefügt oder weggelassen werden kann. Es gibt nur ein Leben, eine Wirklichkeit, eine Wahrheit. Die Wirklichkeit ist eins. Alles ist eins. Es ist das Spiel von Leere und Fülle, von Teil und Ganzheit, von Werden und Sein. Aber es gibt keine Spieler und es wird nicht gespielt.

Alles, was sichtbar ist, alles, was Name und Form hat, ist in Bewegung und verändert sich unaufhörlich. Nicht anhaften, an nichts hängen, das heißt, weise sein wie der Wind, der seinen Weg unbeirrbar und unbehindert fortsetzt, ob als sanfte Brise oder als peitschender Sturm. Mit dem Anhaften beginnt das Leiden. Das Anhaften ist das Pflaster auf der Wunde des Verlangens. So wie wir unseren Namen nicht auf strömendes Wasser schreiben und Wolken nicht mit dem Lasso einfangen können, so können wir das Veränderliche nicht aufhalten. Die Welt ist voller Leid, weil wir alles festhalten wollen. Wir hängen an uns selbst, an Menschen und Tieren, an Gegenständen, an Erfahrungen, Emotionen, Erinnerungen, Erwartungen, Macht, Sex, Ambitionen und Ideen. Wir sind der Vergangenheit und der Zukunft verhaftet. Das Leben lieben und leben, aber trotzdem nicht daran hängen, es nicht festhalten wollen. Wer dazu fähig ist, dem wird Ruhe und Frieden zuteil. Wenn wir es schaffen, uns von jeder Form des Anhaftens zu befreien, werden wir erkennen, dass die Welt schillert wie das Licht von tausend Sonnen. Liebe und Mitgefühl sind Teil unserer wahren Natur. Aber sie können erst aufblühen, wenn die Wurzel des Anhaftens vollkommen verdorrt ist. Wenn wir das vermeintliche Wissen über das Sein wie eine reife Frucht vom Baum der Unwissenheit haben fallen lassen. Dann sind wir in einem wahrlich »unwegsamen Land«, in einem Land ohne Pfad.

Damit wir uns im unwegsamen Land zurechtfinden, müssen wir anfangen, alles zu hinterfragen. Wir dürfen weder bestehende Meinungen akzeptieren, noch sollten wir heiligen Schriften oder Aussagen von Meistern oder Gurus Glauben schenken, nur weil sie uns dazu auffordern. Lehrautorität ist wie ein Strick um den Hals. Ehe wir uns versehen, zieht er sich zu und wir bekommen keine Luft mehr. Dogmen sind wie Leichen im Strom des lebendigen Wassers. Sie vergiften die Quelle des Lebens. Alles zu hinterfragen, jede Auffassung anhand des inneren Wissens zu prüfen, hält den Geist scharf und beweglich. Wir können uns selbst ein Licht sein. Da beginnt unsere Freiheit! Wer oder was wir wirklich sind, sollten wir lieber selbst herausfinden, anstatt auf Offenbarungen, Visionen oder außerirdische Botschaften zu vertrauen, die den klaren Himmel des Bewusstseins wie mit Nebelschleiern verhängen.

Wenn wir eine Brille mit blauen oder grünen Gläsern aufsetzen, dann sehen wir die Welt auch blau oder grün. Setzen wir diese Brille der Verblendung ab, sehen wir die Wirklichkeit, wie sie wirklich ist, ohne gefärbte Meinungen, ohne Emotionen. Wenn wir unserem Herzen folgen, verlieren wir niemals unseren Verstand. Einen wachen Geist zu haben, bedeutet, dass sich das selbst erschaffene Firmament von Begierde, Tagträumen und Fantasien im Licht des Seienden auflöst. Nur die Erkenntnis, erlangt durch reine Wahrnehmung und ein stilles, klares Gemüt, zeigt uns die Wirklichkeit in all ihren Aspekten.

Ein unwegsames Land enthält keine spirituellen Versprechen. Davon gibt es schon genug auf der Welt. Der Begriff »Spiritualität« ist vielleicht das am meisten abgenutzte Wort unserer Zeit. Ich vermeide diese Bezeichnung lieber, ebenso wie die Wörter Gott und Erleuchtung, die nur Verwirrung stiften und zum Dschungel der Meinungen gehören. Die Reinheit des Geistes wurde schon zu oft im Namen Gottes beschmutzt. Das Leben spielt sich nicht außerhalb von uns ab. Wir selbst sind das Leben. Erst wenn der Geist zur Ruhe kommt, erst wenn alles Suchen aufhört, erst wenn alle Theorien, Meinungen, Konzepte und Überzeugungen zu den Themen »Wahrheit«, »Leben« und »Tod« erlöschen, wird es Klarheit geben. Diese Klarheit kann überwältigend sein. Sie kann ohne vorherige Übung und völlig unerwartet eintreffen.

Der Weg zur Wahrheit kennt keine Entfernung. Sich auf den Weg zu machen, um etwas zu erreichen oder etwas zu werden, ist reine Verblendung. Wir können nicht irgendwo hingelangen, wo wir uns bereits befinden. Ausgetretene Pfade helfen uns nicht weiter. Erst wenn wir alle Vorstellungen von der Wahrheit vergessen haben, wird die Wahrheit erblühen. Wer den Mut hat, vom Weg abzugehen, gelangt in ein unwegsames Land, in ein Land ohne Pfad.

Ich gehe wie ein Pilger durch das Leben und muss immer wieder mit Erstaunen feststellen, wie viele sich in diesen Zeiten als Guru oder Meister verehren lassen oder sich auf geistige Führer in unsichtbaren Gefilden berufen. Den Meister oder Guru zu spielen, scheint für viele einfacher zu sein als einfach Schüler zu sein. Spirituelle Prunksucht ist nicht selten und oft sehr subtil mit Unwissenheit verbunden. Wirkliche Meister und Gurus werden uns auf die jenseits von Selbstsucht und Verblendung liegenden Eigenschaften aufmerksam machen. Doch dahin können wir nur gelangen, wenn wir das dazu benötigte Floß selbst bauen und auch selbst hinüberrudern. Das Leben ist ein großzügiger Lehrmeister. Jeden Tag können wir uns eine Kleinigkeit abgewöhnen. Das ist das Wesen wahrer Spiritualität. Wer das Glück hat, einem lebendigen Meister zu begegnen, sollte dankbar sein, aber es nicht bedauern, wenn man den von ihm vorgegebenen Weg nicht gehen kann. Die Zweige der Trauerweide reichen zwar oft bis zum Wasser, aber der Baumwipfel reckt sich dennoch stolz empor zum endlosen Himmel.

Ein unwegsames Land enthält eine Reihe von Texten, die zum Nachdenken anregen wollen. Jedem Text wurde ein Zitat aus der Weisheitstradition vorangestellt. Den Schluss eines jeden Kapitels bildet eine kurze Geschichte, ein Gedanke oder ein Spruch. Die einleitenden Zitate führen den Geist weg von dem vorgegebenen Weg in ein unwegsames Land.

Letztendlich aber wird sich jeder von uns auf seine persönliche Weise der Wahrheit bewusst werden. Schlage den Finger des Zenmeisters, der zum Mond zeigt, so schnell wie möglich ab, damit der eigene Finger besser gesehen wird. Misstraue dem Meister, wenn er von herrlichen Blütenländern, köstlichen Paradiesen und Himmeln spricht, denn auch sie sind alle vergänglich.

I

Was Menschen bindet

Die endlose Suche

> Es *kann durch Meditation nicht entdeckt werden; gebt daher eure tranceartigen Bilder auf.*
> Es *kann durch keinerlei Handlungsweise erlangt werden; hört auf, nach der Welt der magischen Illusion zu greifen.*
> Es *kann durch Suchen nicht gefunden werden; gebt jede Hoffnung auf Resultate auf.*
> Shabkar Lama

Es wird viel gesucht in unserer Gesellschaft. Die etablierten Kirchen verlieren mehr und mehr an Einfluss und es entstehen neue Formen von Spiritualität. Tausende von neu erschienenen Büchern über New Age ersetzen die alten theologischen, philosophischen und wissenschaftlichen Standardwerke. Das Geschäft mit der Esoterik boomt. Weihrauchdüfte, New-Age-Musik, Kristallkugeln, Klangschalen, Pendel und Tarotkarten sollen Kunden anlocken.

Die Themen der unzähligen farbenfrohen New-Age-Bücher sind für den esoterischen Laien ohne entsprechendes Wörterbuch kaum verständlich: Astrosophie, Aura-Healing, Avatar-Kurs, Bachblüten, Body-and-Health, Chakra-Reading, Darshan-Meeting, Holotrophie, Hydrotherapie, intuitive Massage, »Jesus rettet«, Kundalini-Yoga, Lachmeditation, Magnetisieren, Polaritätstherapie, Psychosophie, Rebirthing, Regressionstherapie, Reiki, Reinkarnationstherapie, Sacred Dance, Touch-for-Health, Urschrei-Therapie, Voice-Dialogue, Schwimmen mit Delfinen. Angebot und Nachfrage geben unserem Suchinstinkt unaufhörlich neue Impulse (wobei das Angebot die Nachfrage meist erst erzeugt). Es befindet sich viel Spreu unter dem Weizen, was viele Suchende in ihrem spirituellen Hunger leider nicht erkennen.

Die esoterischen Zeitschriften sind voll von Angeboten zu Seminaren, Workshops, Lesungen, Projektwochen und spirituellen Ferien. Einige Reisebüros reiten geschickt auf dieser Eso-Touristikwelle mit und locken den nach spirituellen Erfahrungen schmachtenden Reisenden gegen entsprechende Bezahlung mit Pauschalreisen etwa zu den sagenumwobenen Menhiren der Druiden, den mystischen Höhlen der Katharer oder sie lassen den gestressten Suchenden auf paradiesischen Inseln ausruhen, wo herrliche Düfte, Öle und Massagen, Kreativitätskurse, Schlammbäder und ganzheitliches Fasten den erschöpften Geist erquicken sollen.

Sollte ein Suchender dennoch an die ätherischen, astralen und mentalen Wahrheiten unserer Zeit zweifeln, so erwarten ihn dicke, »gechannelte« Bücher, die die unterschiedlichsten Antworten auf wichtige Fragen geben und wobei immer genug Fragen übrig bleiben – oder sich neue ergeben –, um sich lange Zeit mit neuen Prophezeiungen oder Erinnerungen aus der Vergangenheit beschäftigen zu können. »Verklärte« Meister und »herabsteigende« Engel sind ›in‹. Auf diese Weise wird das Elend des ewigen Suchens aus Profilierungs- und Profitgründen aufrechterhalten. Viele Menschen leiden bereits an »spiritueller Verstopfung«, einer neuen Krankheit der neuen Zeit: ausgelöst durch die Übersättigung mit esoterischen und pseudo-esoterischen Informationen, die den Geist verblenden. Die oft selbst ernannten Meister, die ebenfalls einsam und heimlich auf der Suche sind, wollen die anderen lehren, dass man »findet«, indem man ihnen gehorcht.

Manche Menschen laufen von einem Kurs oder Vortrag zum anderen, und gleichen dabei einem vom Floh gebissenen Hund, der seinem Schwanz hinterherrennt. Sie jagen in Panik dem Irrglauben nach, dass sie in diesem Leben die Befreiung erlangen müssen. Ihr Verlangen nach Befreiung ist so stark, dass eben dieses Laufen und Begehren die größten Hindernisse auf ihrem Weg zur Befreiung darstellen. Denn erst wenn wir die Suche beendet haben und unser Geist von Ruhe und Stille erfüllt ist, kann die Befreiung eintreten, die Befreiung von der Zwangsvorstellung, etwas erreichen und darstellen zu müssen. Befreiung ist immer möglich, sie ist immer latent vorhanden. Wir sind bereits frei, aber wir spielen Blindekuh und beschweren uns, dass wir nichts sehen.

Nur wenige fragen sich bei ihrer spirituellen Suche, was sie eigentlich suchen. Nur wenige erkennen, dass die Suche an sich den Weg zur Erkenntnis versperrt. Viele sagen, sie suchen Gott. Aber wer wirklich sucht, definiert nicht von vornherein, was er sucht, es sei denn, er weiß genau, was er verloren hat. In dem Fall weiß er auch exakt, was, wo und wie er suchen muss, um es wieder zu finden, und muss nicht ziellos suchen. Aber wir haben nichts verloren, außer der Erkenntnis, dass wir uns selbst suchen, dass wir selbst der Weg, die Wahrheit, das Leben, die Liebe sind, die Gesamtheit alles Seienden. Hier und Jetzt. Zeitlos. Wir suchen außerhalb von uns selbst nach der schillernden Perle der Erkenntnis, die in uns selbst verborgen liegt.

Das Einzige, was wir tun müssen, ist anzuhalten und hinter der Maske unserer Persönlichkeit das wahrzunehmen, was wir schon vor unserer Geburt waren und was wir nach unserem Tod bleiben werden. Wer seine Suche beendet und keine Ergebnisse mehr erwartet, wird finden. Die Suche stärkt das Ego und das Ego hindert uns daran, das zu sehen, was wir sind.

Wer sagt, dass er die Stille sucht, dabei aber unaufhörlich redet, braucht nur seinen Mund zu schließen.

Wer in der Wüste einen Brunnen graben will und bereits nach einigen Metern aufgibt, um an einer anderen Stelle erneut nach Wasser zu suchen, täte besser daran, an einer Stelle sehr tief zu graben.

Solange eine Biene summend eine Blume umschwirrt, wird sie keinen Honig sammeln können. Solange wir noch über die einzelnen Auffassungen der Wahrheit sinnieren, werden wir den Honig der Wahrheit nicht in Ruhe kosten können.

Das Suchen hält die Dualität von Suchendem und Gesuchtem aufrecht. Erst wenn lange genug gesucht wurde, kann jegliche Suche beendet werden. Dann findet uns das Leben.

Ein Irrer hatte einmal seinen Schlüssel verloren. Ein Weiser kam vorbei und fragte den Toren, was er suche. »Meinen Schlüssel«, sagte er und tastete mit den Fingern den Boden ab. »Wo hast du ihn verloren?«, fragte der Weise. »Im Haus«, sagte der Irre. »Aber warum suchst du ihn dann nicht im Haus?« »Weil es draußen viel heller ist«, antwortete er.

Dualität durch Denken

> *Durch das Denken werden dem Geist Begrenzungen auferlegt. Ohne das Denken ist der Geist nur unendlicher Raum. Deshalb ist man durch gedankenloses Gewahrsein nicht länger ein Tropfen, sondern wird zum Ozean. Und dann fließt diese gewaltige Energie, die alles Tote hinwegfegt. Sie löscht die gesamte karmische Vergangenheit aus. Mühelos. Das Größere absorbiert das Kleinere und bleibt unversehrt.*
> Osho Rajneesh

Eines der bekanntesten Bildhauerwerke der westlichen Kultur ist *Der Denker* von Auguste Rodin. »Der Denker« beugt sich ein wenig nach vorn, seine rechte Hand stützt das Kinn. So wie er dasitzt, erweckt er den Anschein, als sei er vom Denken ein wenig müde geworden und müsse seinen schweren Kopf auf seiner Hand stützen. Das Denken hat in unserer Kultur einen hohen Stellenwert. Wir verfügen über eine Vielzahl von »klugen Köpfen«. Und fast alle großen Denker waren der Meinung, es stecke ein »Denker« in ihnen, der alles selbst denke. Deshalb zeichnet sich die Geschichte des Denkens vor allem dadurch aus, dass ein Denker die Vorstellungen eines anderen Denkers attackiert, widerlegt, kommentiert oder kritisiert. Dass der »Denker« selbst nur ein Gedanke ist, wird nur von wenigen gedacht.

Das Denken steht unter Druck, ist in Raum und Zeit gefangen, auch wenn es oft versucht, diese Dimensionen hinter sich zu lassen und in die tiefere Wirklichkeit des Nicht-Raumes und der Nicht-Zeit, in das völlig Neue vorzudringen. Aber das wirklich Neue kann nicht gedacht werden. Und das Undenkbare kann niemals mittels Denken erreicht werden, denn das Denken setzt Erinnerung und Gedächtnis, Altes und Bekanntes voraus. So wie sich ein leerer Raum nicht von einem Schwert durchtrennen lässt, so wie aus dem Fluss keine Scheibe Wasser herausgeschnitten werden kann und so wie der Hohlraum des Bambusrohrs nicht umklammert werden kann, so kann auch das Nicht-Denkbare niemals gedacht werden. Das Nicht-Denkbare ist ein Gedanke, der außerhalb des Denkens projiziert wird. Es ist eine Frucht des Denkens. Warum sollte man versuchen, einen Baum mit Wurzeln in der Luft zu pflanzen? Warum sollte man versuchen, unter Wasser zu treiben? Erst wenn das Denken zu seiner Quelle, der Stille, zurückfließt, erfüllt das Nicht-Denkbare uns als vollkommenes Vorhandensein, als vollkommene Liebe, als totale Energie. Frei und ungebunden. Ganz und gar.

Denken ist eine unersättliche Tätigkeit. Große Denker der westlichen Zivilisation haben sogar behauptet, wir würden sein, weil wir denken: »Ich denke, also bin ich.« In der östlichen Weisheit wird oft gerade das Gegenteil behauptet: »Weil ich nicht denke, bin ich.« Sobald das Denken da ist, gibt es ein eigenständiges Ich. Ist das Denken nicht vorhanden, existiert ein unendlicher Raum, ein Universalbewusstsein, ein selbstloses Sein. Das Denken erzeugt die Trennung. Es trennt die Welt in Subjekt und Objekt, in gut und böse, in hoch und niedrig, in Gott und Mensch, in hell und dunkel. Aber so wie die vielen Perlen einer Kette alle auf einer einzigen Schnur aufgereiht sind, so werden die vielen Dinge in der Welt nur von einem einzigen Bewusstsein durchdrungen. Dadurch dass der Denker unaufhörlich vom Baum der Erkenntnis gegessen hat, hat er seine Unschuld und seine Bescheidenheit verloren. Er hält sich selbst für überaus klug und glaubt, alles im Leben ließe sich durch das Denken analysieren, kontrollieren und lösen, sogar das Mysterium.

Das analytische Denken kann mit dem Schälen einer Zwiebel verglichen werden. Schon bald steht man da mit nichts als einer Hand voll von Schalen und mit Tränen in den Augen.

Es hat den Anschein, als ließe sich das Denken nur durch eine Anhäufung von Informationen befriedigen. Nicht die Transformation selbst steht im Mittelpunkt des Zusammentragens von Wissen, sondern die Information. Informationen, mit denen die Welt gelenkt, manipuliert, »gemacht« werden kann. Was sind wir denn ohne das Denken, ohne das, was durch das Denken entstanden ist, z. B. Technik und Wissenschaft (sagen die Techniker und Wissenschaftler)?

Das Denken hat vergessen, dass es der Stille entsprungen ist. Jeder Gedanke, der sich von der Stille löst, ist wie ein Schleier, der die Sicht auf die Ganzheit verdeckt. Das erzeugt Kummer und Leid. Spontan denken bedeutet, aus der Stille heraus denken. Die Gedanken steigen auf, wenn es nötig ist. Und anschließend gibt es nur wieder den Ozean der Stille, den grenzenlosen Himmel.

Zahllose Menschen haben einen überaus unruhigen Geist. Sie sind kopflos, überdreht, gackern und plappern unaufhörlich. Solch ein Geist lässt sich nicht beruhigen. Weder mit Fernsehen noch durch Musik, Bücher, Mantras, Rezitationen von heiligen Texten oder das Ausführen von Ritualen. Sie können höchstens den Inhalt des Geistes verändern, aber die Unruhe bleibt. Der Geist lässt sich nun einmal nicht aus dem Körper herausnehmen wie eine Zahnprothese. Wo immer wir sind, ist der Geist dabei. Eigentlich sind wir immer in Gedanken oder denken über unsere Gedanken nach. In unserem Kopf herumwirbelnde Gedanken lassen sich nicht mit anderen Gedanken beruhigen. Aber wer sie mit höchster Aufmerksamkeit wahrnimmt, ohne Urteil, ohne Zustimmung oder Ablehnung, wird merken, dass es zwischen den Gedanken eine Öffnung gibt, die umso größer wird, je mehr wir uns konzentrieren. Und plötzlich tut sich der unermessliche Himmel auf. Vollkommen leer. Ohne Ideen, Konzepte, Projizierungen. Ohne Gedanken und vor allem ohne Denker. Totales Bewusstsein. Totale Energie. Unergründliche Stille. Absolute Freiheit.

Nichts ist so schöpferisch wie das Denken. Es ist eine kreative Kraft, die Aktion und Reaktion hervorruft. Aus der Gedankenkraft heraus werden wir geboren. Wir nennen diese Kraft Seele, Bewusstsein oder Geist. Aber im Grunde ist es die Energie des individuellen Denkens. Die Gedankenkraft bedingt das Ich und schafft Schritt für Schritt die Situation, in der wir uns befinden. Jeder vorherige Gedankenmoment geht in einen nächsten über. Der letzte starke Gedanke, mit dem wir abends einschlafen, bestimmt den Gedanken, mit dem wir morgens aufwachen. Der Tod unterbricht diesen Prozess nicht.

Wenn wir sterben, gibt es einen letzten Gedanken.

Sogar wenn wir unerwartet sterben oder das Bewusstsein verlieren. Tief aus dem Unterbewusstsein heraus steigt dieser letzte Gedanke auf, der vom vorhergehenden Gedankenfluss bestimmt wird. Dieser letzte Gedanke ist wie ein kraftvoller Stier auf einer Wiese mit 99 Kühen. Öffne das Tor und der Stier wird als Erster hinausstürmen, gefolgt von den 99 Kühen. Was uns zu Lebzeiten am meisten antreibt, wird beim Sterben zum Vorschein kommen und unsere Wiedergeburt prägen. Durch das Verlangen nach Leben entsteht neues Leben, eine neue Wiedergeburt. So strömt das Denken durch zahllose Wiedergeburten hindurch wie ein Fluss durch sein Flussbett. Es gibt Kontinuität, aber keine Identität eines individuellen Bewusstseins. Sobald die Vorstellung eines Selbst weggespült wurde, bleibt nur der reißende Fluss.

In Indien lebte einmal ein Kaufmann. Er besaß einen großen Laden, nahm sich aber ab und zu auch ein wenig Zeit für Krishna. Weil er wusste, dass der letzte Gedanke die Verbindung zur nächsten Wiedergeburt darstellt, hatte er seinen Kindern Namen gegeben, die ihn immer an Krishna erinnern würden. Sein ältester Sohn hieß Krishna, sein jüngster Sohn Arjuna und seine Tochter Lakshmi. Als der Kaufmann im Sterben lag, rief er seine Kinder zu sich. »Krishna, Arjuna, Lakshmi, seid ihr alle da?« »Ja, Vater, alle drei!« »Aber wer ist denn dann im Geschäft?«, fragte er und starb mit einem tiefen Seufzer …

Ruhm und Ehre

Die ihr der Ehrsucht Dämon nicht bezwingt,
Die Sucht nach Ruhm führt zu Verderb und Streit.
Milarepa

Das Streben nach Ruhm und Ehre entspringt einer falschen Wirklichkeitsauffassung. Wer erkannt hat, dass alles vergänglich ist, dass es kein Selbst mit einem bleibenden Kern gibt, strebt keine illusorischen Phänomene wie Ruhm und Ehre an. Sie sind goldglänzende Früchte am Baum der Vergänglichkeit. Im Sommer des Lebens zeigen sie ihren Glanz, aber noch ehe der Herbst gekommen ist, sind sie bereits der Begierde anderer zum Opfer gefallen oder liegen faulend am Boden.

Ruhm ist wie schillernder Staub, der uns vorübergehend einhüllt. Sobald der Wind der Kritik aufkommt, zerstreut er sich in alle Richtungen und der Glanz des Ruhmes ist wie weggeblasen. Ruhm ist wie eine Luftspiegelung, die für kurze Zeit ein farbenfrohes, aber weit entferntes Schloss hervorzaubert. Der Klang von tausend Trommeln ist sehr beeindruckend, aber die Töne verklingen rasch. So ist es auch mit dem Ruhm. Die zahllosen Hände, die heute applaudieren, können morgen Fäuste sein, die zuschlagen. Wer sich dem Ruhm hingibt, wer ehrgeizig oder eitel ist, der trinkt in vollen Zügen aus dem Becher des Untergangs. Ruhm und Ehre bescheren dir höchstens ein paar Jahre Genuss, Unbekanntheit dagegen kannst du ein Leben lang genießen.

Alles im Leben verändert sich. Nichts bleibt. Das ist das große Gesetz. Auch die schönsten Bauwerke stürzen einmal ein, auch der Goldschmuck der prächtigsten Tempel blättert irgendwann ab. Die schönsten Pergamentrollen zerfallen irgendwann zu Staub und auch der längste Atem wird irgendwann ausgehaucht. Lexika mit berühmten Namen und Entdeckungen werden irgendwann auseinander fallen und Erinnerungen verwischen sich ebenso sehr wie kunstvolle Inschriften in Marmor oder Granit. So wie Ebbe und Flut kommen und gehen, so kommt und vergeht auch der Ruhm. Es nützt nichts, am Strand nach Fußspuren von gestern zu suchen, die heute von der Flut hinweggeschwemmt wurden.

Die Schöpfer der sieben Weltwunder leben nicht mehr und zahllose berühmte Kaiser und Könige mussten schon zu Lebzeiten das Dahinschwinden ihres Ruhmes mit ansehen. Endlos ist die Zahl der Menschen, die nach Ruhm und Ehre strebten, die sich selbst mit dem Bau unsterblicher Werke verewigen wollten. Aber alle mussten sterben und ihre Bauwerke sind verschwunden oder dem Verfall ausgesetzt. Was bleibt, sozusagen als stille Zeugen der Vergänglichkeit, sind nur Ruinen.

Wenn die Großen der Erde zu Staub und prähistorische Gegenstände zu Museumsobjekten geworden sind, wenn wir in eine ungewisse Zukunft blicken, dann wissen wir, dass der Weg von Ruhm und Ehre in die Vergessenheit führt. Sogar die strahlende und von unzähligen Planeten umgebene Sonne, die in gleißendem Glanz ihre Bahnen beschreibt, wird einmal an ihrem eigenen Licht erlöschen.

Wer erkennt, dass das Etikett von Ruhm und Ehre

niemals auf strömendem Wasser haften wird, der ist frei von jeglichem Streben nach Ruhm und Ehre. Er wird erkennen, dass es vernünftiger ist, aus der Geschichte zu lernen, als selbst Geschichte zu schreiben.

Nur ein unglücklicher, unzufriedener, von Selbstsucht beherrschter Mensch strebt nach Ruhm und Ehre. Ehrgeizige Menschen sind ängstliche Menschen. Sie rufen laut, um ihre Angst zu verbergen. Sie wollen im Mittelpunkt stehen, weil sie nicht wissen, dass sie selbst und alle Dinge um sie herum im Grunde leer sind, keinen festen Kern haben.

Wer nach Ruhm und Ehre strebt, dem wird es an Liebe mangeln. Und wem es an Liebe mangelt, der wird anderen Liebe vorenthalten. Er wird die Früchte anderer stehlen, um sie sich selbst zu Ehren in den Baum der Selbstsucht zu hängen. Und diese Früchte sind zwar schön anzusehen, aber sie haben keinen Geschmack. Das Verlangen nach Ruhm und Ehre, nach Ansehen und Anerkennung, nach Bekanntheit oder Beliebtheit deutet auf einen Mangel an Selbsterkenntnis hin. Solange wir die Bestätigung außerhalb von uns selbst suchen, gleichen wir einer Schnecke, die auf der Suche nach einem Unterschlupf ihren Kopf weit aus ihrem Haus herausstreckt. Was wir wirklich sind, tragen wir immer mit uns. Das bedarf keiner Ehre und keines Ruhmes. Wenn wir erkennen, dass wir niemand sind, gleiten alle törichten Gedanken von uns ab, so wie Wassertropfen vom Federkleid eines Vogels. Wenn wir entdecken, dass alle Dinge leer sind, können wir leben wie ein hohles Schilfrohr am Ufer. Sogar ein starker Wind kann es nicht knicken, weil es eins ist mit diesem Wind.

Berühmte Menschen sind oft einsame Menschen. Es fällt ihnen schwer, eine Beziehung zum Leben herzustellen, denn in einer wirklichen Beziehung spielen Ruhm und Ehre keine Rolle. So wie die von einem geschnitzten Bild übrig gebliebenen Holzspäne ins Feuer geworfen werden, so verbrennen Ruhm und Ehre zu Asche, wenn alles, was man nicht ist, weggeschnitten wurde. Ruhm und Ehre machen den Menschen abhängig von Bestätigung, Verehrung oder Anbetung. Sie sind wie Nahrung, die man täglich zu sich nehmen muss. Wer erwartet, dass andere ihm applaudieren, wird seine eigenen Hände fesseln müssen. Berühmte Menschen suchen die Gesellschaft berühmter Menschen, um zu verhindern, dass ihre Einsamkeit sichtbar wird.

Ein weiser Mensch strebt nicht nach Ruhm, Ehre oder Ansehen. Für ihn sind Anerkennung oder Ablehnung, Lob oder Kritik nur Blätter am Baum der Unwissenheit. So wie die Wasseroberfläche eines Sees nicht von den darüber hinwegfliegenden Kranvögeln berührt wird, so wird ein weiser Mensch nicht von Anerkennung oder Ablehnung, Lob oder Kritik getroffen. Und weil er nichts anstrebt, fällt ihm alles zu, aber er hält es nicht fest.

Auf einem seiner Feldzüge durch Indien traf König Alexander der Große auf einen nackten Asketen, der mitten auf dem Weg lag. Der Befehlshaber des Königs befahl dem Mann aufzustehen und den Weg frei zu machen. Der Asket aber schaute nicht einmal auf und rührte sich nicht. Nun nahm Alexander selbst das Wort und befahl dem Mann, sofort aufzustehen und sich zu entfernen, ansonsten würde man ihn töten. Der Asket öffnete die Augen und sagte zum König: »Sind Sie der berühmte König Alexander der Große, von dem man sich erzählt, er habe jeden besiegt? Ich habe Leben und Tod besiegt. Für wen sollte ich die Straße räumen?«

Alexander war sprachlos. Er stieg von seinem Pferd und verbeugte sich tief vor dem Asketen.

Verehrung und Anbetung

> *Sich vor einem anderen zu demütigen, einen anderen Menschen zu verehren, ist das Unwürdigste, das Unmenschlichste, was ein Mensch tun kann.*
> Krishnamurti

In unserer Gesellschaft herrscht eine große Verehrung für Film- und Popstars sowie für Fußballer. Sie sind wie glitzernde Sterne am Horizont. Man jubelt und klatscht ihnen zu, man betet sie an. Von den Medien werden sie mit Aufmerksamkeit überschüttet. Sie sind die Helden unserer Zeit. Unzählige Menschen füllen tagtäglich ihr Leben mit Gesprächen über ihre Idole, himmeln deren überlebensgroße Fotos an oder imitieren ihre Kleidung und ihr Verhalten.

Aber es sind nicht nur die irdischen Sterne, denen große Verehrung zuteil wird. Am spirituellen Firmament erstrahlen ihre himmlischen Konkurrenten: Heilige, Gurus, Meister, Lehrer, Führer oder Avatars. Und natürlich haben auch sie ihre Utensilien, die kleinen Altäre, die Perlenketten und die Fotos, die sich als ein sehr ertragreicher Markt erwiesen haben.

Anbetung führt zur Entledigung der eigenen Kraft, der eigenen Fähigkeiten. Anbetung macht den anderen größer und lässt einen selbst kleiner erscheinen. Es ist wie mit einem bunten Luftballon, der aufgeblasen wird. Wie ein kleines Kind bewundert man seine schöne Form und vergisst, dass man ihn selbst aufgeblasen hat. Doch steche mit einer Nadel hinein und der Ballon platzt und verliert damit seine bezaubernde

Wirkung. Der Angebetete übt oft die gleiche Wirkung aus wie eine Droge. Wenn er da ist, wenn man ihn hört oder sieht, fühlt man sich aufgeregt und froh, aber seine Abwesenheit ruft Traurigkeit hervor. Echtes Glück ist jedoch von niemandem und von nichts abhängig, es kennt keine Anbetung. Ein wirklich heiliger Mensch oder spiritueller Lehrer lässt keine Verehrung zu. Tut er es doch, ist er weder ein heiliger Mensch noch ein spiritueller Lehrer, sondern ein Schauspieler, der, wie subtil auch immer, von seinem Ego gefangen gehalten wird. Grund genug, den Ballon nicht noch mehr aufzublasen, sondern den Faden, an dem man ihn festhält, schnellstmöglich loszulassen.

Um einen anderen größer erscheinen zu lassen, muss man sich selbst kleiner machen. Wer lange zu einem anderen aufschaut, bekommt einen steifen Nacken. Sich vor dem Angebeteten verneigen heißt, sich von der Weisheit des Himmels zu entfernen. Einen anderen verehren bedeutet, sich selbst weniger respektieren. Wenn man jemanden auf einen Sockel stellen möchte, sollte man vorher prüfen, ob der Sockel ihn auch tragen kann. Denn ehe man sich versieht, fällt der Angebetete herunter, weil man ihn zu hoch aufgestellt hat. Anbetung erzeugt Statuen. Diese Versteinerungen überleben den Angebeteten zwar eine Zeit lang, werden aber irgendwann von Bilderstürmern oder von den Stürmen des Lebens zerstört.

Anbetung ist nicht ein Zeichen für Stärke, sondern für Schwäche. Jemanden seiner Weisheit und Einsicht wegen zu respektieren, ist noch lange kein Grund, ihn auch anzubeten. Auf die Realisation kommt es an, nicht auf die Anbetung. Die Verehrung hält die Dualität aufrecht. Der Angebetete wird zur Sonne und du selbst wirst zum kreisenden Planeten. Auf diese Weise vergessen wir das unergründliche Licht, das wir selbstlos sind.

Hinter der Anbetung verbirgt sich oft ein tief sitzender Selbsthass. Wer sich selbst nicht leiden kann, neigt dazu, einen anderen anzubeten. Wer einem anderen immer zujubelt, verwirft sich selbst. Wer für einen anderen schwärmt, ist im Grunde zu faul, etwas aus sich selbst zu machen. Denn es ist viel bequemer, dem Weg eines anderen zu folgen, als sich seinen eigenen Weg zu suchen.

Nur Menschen, die nicht den Mut haben, auf eigenen Beinen zu stehen, verfallen in Anbetung. So treffen lauter Schwächlinge aufeinander, um zu verehren, was sie sich selbst nicht zu verwirklichen trauen. Die höchste Verehrung gilt Gott. Aber das, was Gott genannt wird, ist oft die Projektion des eigenen Geistes. Indem der Mensch Gott als eine von ihm getrennte Gestalt ansieht und verehrt, entledigt sich der Mensch vom Besten, was er in sich trug. Anstatt das in sich selbst zu verwirklichen, was er Gott zuschreibt, wird er zum Gläubigen und bleibt damit in sicherer Entfernung. So kann ein Mensch zum Dieb seines eigenen Besitzes werden.

Das Bedürfnis, andere zu verehren oder heilig zu sprechen, entspringt oftmals einem mangelnden Selbstwertgefühl. Nicht kleine Wunder, Aufsehen erregende Tätigkeiten oder komplizierte Zeremonien machen jemanden zum Heiligen, sondern seine stille Anwesenheit, die von Dienen und Demut zeugt, ohne dass dieser sich dessen bewusst ist und ohne dass er Aufhebens davon macht. Nicht die Erklärung eines anderen macht jemanden zum Heiligen, sondern das Führen eines *ganzheitlichen* Lebens. Ein ganzheitlicher Mensch braucht keine Heiligsprechung, weder vor noch nach dem Tod. Seine Umgebung spürt bereits zu seinen Lebzeiten, dass er ein ganzheitlicher Mensch ist, ein Mensch, in dem sich das Sein erfüllt hat. Ein ganzheitlicher Mensch braucht kein Denkmal, kein Heiligenbildchen und keine Litanei. Jede Form von Verehrung ist ihm fremd.

So wie die Sonne keinerlei Aufhebens davon macht, dass sie jeden Tag scheint, so wird ein ganzheitlicher Mensch keinerlei Verehrung für sein vollkommen natürliches Handeln wünschen. Nur ängstliche und unsichere Menschen brauchen Idole, Berühmtheiten, Abgötter, Sterne und Statuen. Doch diejenigen, die wissen, dass alles Leben heilig ist, folgen dem Lauf des Flusses und verschwinden irgendwann aus der Sichtweite.

Ein Schüler saß meditierend vor seinem goldfarbenen Buddhabild. Da kam sein Meister vorbei, den er sehr verehrte. Der Meister zündete sich eine Zigarette an und tippte etwas Asche in die offene Hand des Buddhabildes. Entsetzt blickte der Schüler auf die Hand seines Meisters und danach auf die mit Asche gefüllte Hand des Buddhabildes und brach dann in schallendes Gelächter aus. Er nahm einen Hammer und zerschmetterte die Statue. Der Meister machte vor dem Schüler eine tiefe Verbeugung und setzte seinen Weg fort.

Kommunikativ, aber sprachlos

So werden die Menschen in jenen Tagen an weit entfernten Orten miteinander sprechen können, da das Land kreuz und quer von einem gigantischen Spinnennetz durchzogen sein wird. Und am Ende aller Zeiten wird es Straßen am Himmel geben.
Hopi-Prophezeiung

Obwohl der Mensch nie so viele Kommunikationstechniken gekannt hat wie heute, ist die Sprachlosigkeit gegenwärtig größer als je zuvor. Wir verfügen über Fernsehen, Radio, Zeitungen, Zeitschriften, Internet, E-Mail, Fax, Bildtelefon und Handy, doch paradoxerweise hat sich aus diesem Überfluss an Kommunikationsmöglichkeiten ein Mangel an echtem Kontakt ergeben.

Es hat den Anschein, als wollten wir unser Gesicht hinter all diesen Kommunikationsmitteln verbergen. Wir begegnen uns kaum noch wirklich, sondern informieren uns gegenseitig mit Hilfe von bestimmten Medien. So haben wir viel von unseren Möglichkeiten veräußerlicht und besonders aus der linken Gehirnhälfte heraus auf Kommunikationstechniken projiziert. Mit einem gewissen Maß an Verwunderung schauen viele auf die »primitiven« Menschen, wie die Indianer, Aborigines oder Buschmenschen, die viel einfachere Techniken der Kommunikation beherrschen.

»Die Welt ist zu einem großen Dorf geworden«, heißt es oft. Aber das aus unzähligen Stromdrähten, Glasfaserkabeln und Satelliten bestehende Telekommunikationsnetzwerk, das die Erde umspannt, erweckt nicht gerade den Eindruck einer beschaulichen Dorfatmosphäre. Vom Mond und anderen Planeten aus werden zahllose Objekte und Subjekte auf der Erde mittels modernster Satelliten beobachtet und kontrolliert. Und Tag für Tag wird unsere Atmosphäre von unsichtbaren Strahlen bombardiert. Neue Krankheiten machen sich breit, der Zug der Vögel wird gestört, Meerestiere verirren sich, unter Strommasten stehende Bäume siechen dahin – und das alles nur wegen der viel gepriesenen Verbindungen für Kommunikation und Elektrizität. »Es besteht keinerlei Gefahr«, sagen die Experten, »alles ist unter Kontrolle«. Jeder, der Lust dazu hat, kann jederzeit vollkommen unsinnige, brutale oder perverse Botschaften in den Äther schicken. Und unter dem Vorwand des wirtschaftlichen Aufschwungs werden wir Tag für Tag von Werbung überflutet und ganz subtil einer Gehirnwäsche unterzogen. Viele träumen davon, dass alle Menschen im Besitz eines Computers, eines Bildtelefons und eines Handys sind. Und wir sind auf dem besten Weg, diesen Traum zu verwirklichen, denn die ständige Erreichbarkeit ist ein Muss geworden. Die Diktatur der Erreichbarkeit und die Kontrolle der Telekommunikation sind allgegenwärtig. *Big brother is watching you* scheint sich zu bewahrheiten, wenn man einmal auf die in Kaufhäusern, Wohnblöcken, Bahnhöfen, Fußballstadien, Banken, Zügen, Bussen, Parks und Marktplätzen installierten Videokameras achtet, von der Totalüberwachung im *Big Brother*-Container ganz zu schweigen.

Aber was ist eigentlich Kommunikation? Ist von Kommunikation die Rede, wenn der Mensch »sein Gesicht verloren hat«, wenn wir uns buchstäblich nicht mehr in die Augen sehen können, wenn die menschliche Stimme immer öfter mechanisch übermittelt wird und wenn wir uns überwiegend über Bildschirm und Papier austauschen?

Also fort mit Fax, E-Mail, Telefon und Computer? Natürlich nicht. Die moderne Zeit fordert ihren Tribut, aber sie hat auch viele Vorteile. Vielleicht sollten wir bescheiden sein und endlich erkennen, dass diese technischen Erfindungen die Veräußerlichung von innerlichen Möglichkeiten sind. Die moderne Wissenschaft und Technik befinden sich auf dem Berührungspunkt von Materie und Geist und stoßen auf »etwas«, das sich darüber hinaushebt. Inzwischen sind einige der Techniken nahezu unverzichtbar geworden, um miteinander Kontakt halten zu können, aber sobald in der menschlichen Beziehung etwas schief läuft, verbergen sich Unzählige hinter dem Wort »Kommunikationsstörung«.

Echte Kommunikation ist *communio*, miteinander teilen, geben ohne zu erwarten, dass etwas zurückgegeben wird. Es ist ein Aufgehen in die gegenseitige Energie, einander zuhören, einander schätzen, einander dienen. Die meisten modernen Kommunikationstechniken dienen jedoch nur dem Eigeninteresse. Unbequem ist, wer fragt, warum in unserer Zeit so viele Menschen vereinsamen, obwohl die Erde doch von einem ausgeklügelten Kommunikationsnetzwerk umspannt wird. Die vielen Alters- und Pflegeheime, die gigantischen Krankenhäuser zeugen nicht gerade von *communio*, sondern eher von einer Ausgeschlossenheit aus der Gemeinschaft. Statistiken scheinen uns mehr anzusprechen als die Stimmen von Einsamkeit, Angst und Depression. Aber zum Glück gibt es ja noch das Telefon oder gelegentlich eine Fernsehsendung, die für einen Abend Mitleid weckt und den Finger auf die Wunde legt. Die Kommunikationsgeräte und die vielen Kommunikationstechniken, die in Psychologie und Wirtschaft eingesetzt werden, scheinen unsere Gesellschaft als Ganzes nicht wirklich glücklicher zu machen. Oft findet kein wirklicher Austausch, keine wirkliche *communio* statt. Es gibt kein wirkliches Teilen aus dem Herzen heraus und keine echte Liebe, die kommuniziert.

Es hat den Anschein, als wäre irgendetwas in unserer Informationsgesellschaft grundlegend falsch. Irgendetwas stimmt nicht mit unserem Geist, unseren Gefühlen, unserer Lebenshaltung, unserem Kontakt zu anderen. Alles um uns herum spiegelt unseren inneren Zustand. Um unsere Armut an echter Kommunikation zu verbergen, legen wir großen Wert auf modernste Techniken.

Das Leben verlangt nach Schlichtheit. Wer kennt schon alle Möglichkeiten seines Telefons, Faxgerätes oder Computers? Die Bedienung muss oft sogar durch Kurse eingeübt werden. Und für die »schlichte« Kommunikation braucht man heutzutage nicht selten eine Ausbildung, ein Training. Viele Menschen verbringen ganze Nächte an ihrem Fernseh- oder Computerbildschirm und zappen und surfen. »Dank« Internet stehen jedem zu jedem beliebigen Thema umfassende Informationen zur Verfügung: egal ob es sich um Kosmetik oder Quantenphysik, Porno oder Dhamma, chinesische Weisheit oder christliche Mystik, New Age oder Oxford Dictionary, Medizin oder die neueste päpstliche Enzyklika handelt.

Ein neuer Dschungel ist entstanden: der Informations-Dschungel. Ein Aufenthalt darin kann gefährlich werden. So genannte Hacker lauern wie Tiger auf ihre tägliche Informationsbeute, die sie aus den Computern anderer stehlen. So genannte Würmer oder Viren können ganze Informationspopulationen infizieren oder zerstören und der Jahrtausendwechsel bereitete zahllosen Computerspezialisten schon Monate im Voraus schlaflose Nächte. Eine Generation von Brillenträgern, Muskelkranken, Migräneleidenden und Depressiven entsteht. Durch Brillengläser schauen wir auf die von uns projizierten Bilder. Und wir glauben an sie. Aber kaum einer der Erfinder der unzähligen Softwareprogramme und Kommunikationstechniken stellt sich die Frage: »Wer oder was bin ich?« Ob das Internet darauf eine Antwort weiß?

Die Handys dicht ans Ohr gedrückt und heftig gestikulierend standen zwei Menschen in einer belebten Straße und telefonierten miteinander. Als sie ihr Gespräch beendet hatten, steckte jeder sein Telefon in eine am Gürtel befestigte Ledertasche. Dann gingen sie ohne ein Wort zu wechseln aneinander vorbei. Ich stand da und sah.

Eile mit Weile

Nimm dir Zeit, um den Himmel anzuschauen.
Achte auf die Formen und Gestalten der Wolken.
Höre das leichte Rauschen des Windes
– und berühre das kühle Wasser.
Setze deinen Fuß vorsichtig auf die Erde.

Wir sind Eindringlinge –
nur kurze Zeit geduldet
in einem unendlichen Universum.

Indianische Inschrift an der Montezuma-Quelle in Arizona

Unzählige Menschen werden heutzutage von Eile getrieben und der damit verbundene Stress ist zu einem Schlüsselbegriff unserer Zeit geworden. »Wie geht's?« »Gut, aber ich habe so viel zu tun!« Hektik, Überaktivität und Schnelligkeit prägen unseren Alltag.

Der Geist, der alle Bedürfnisse möglichst sofort befriedigt haben will, ist kopflos geworden. Ein Aufschub des Genusses ist nicht erlaubt. Das Verweilen beim Leben passt nicht zur Eile. Der natürliche Lebensrhythmus wird mit Gewalt durchbrochen. Spielautomaten, Computerspiele, Discos, MP3-Player, Radios, Bars, Nachtfernsehen, Lärmbehinderung.

Die Nacht wird zum Tag und der Tag wird zur Nacht. Jahreszeiten werden ignoriert. Es findet eine »Ent-Wunderung« statt. Wohin man geht, trifft man auf Lärm und Unruhe. Schnelle Produktion und ein ebenso schneller Konsum bilden das Fundament unserer Stress-Kultur. Schnelles Denken, schnelles Sprechen, schnelles Handeln, schnelles Arbeiten, schnelles Essen, schnelles Trinken, schnelles Laufen, schnelles Fahren, schnelles Entspannen, schnelles Lieben.

Expresszüge, Eilbusse und natürlich die mit überhöhter Geschwindigkeit fahrenden Autos bringen gestresste Menschen vom einen hektischen Ort zum anderen. Kilometerzähler und Geschwindigkeitsmesser bestimmen unsere Existenz. Natürlich fordert die Hektik auch ihren Tribut. Krankenwagen fahren in größter Eile hin und her, Herzen schlagen plötzlich schneller oder hören einfach auf zu schlagen, stressbedingte Krankheiten machen sich breit.

Jogger suchen mit Tempo die schnelle Entspannung für Körper und Geist in Wäldern voller Sonntagsspaziergänger. Surfer reiten in Windeseile über die Wellen, Motorboote sprengen mit viel Lärm das Wasser auseinander, das Fernsehen sendet ununterbrochen die neuesten Spielshows, die schönsten Touristenziele, die neuesten Soaps und viele deprimierende Nachrichten. Viele Menschen verbringen die Nacht nur im Halbschlaf oder leiden an Schlaflosigkeit. Depressionen nehmen zu. »Herr Doktor, ich bin so müde.« (Und der Doktor erst.)

In den Sommerferien setzt alljährlich der Touristenstrom ein. Millionen von Menschen ziehen von einem Land zum anderen, von einem Campingplatz zum anderen, von einem Hotel zum anderen. Eine moderne Völkerwanderung per Wohnwagen, Wohnmobil (bepackt mit Fahrrädern, Booten, Skiern), Auto, Motorrad, Flugzeug oder ICE. Schnell genießen, schnell den Kopf leer werden lassen. Disneyland als Unterhaltung hier, Schwimmen mit Delfinen dort. Oder eine paradiesische Insel mit Kokospalmen in der Südsee. Die Pyramiden rufen, die Sphinx lockt. Oder vielleicht doch lieber zu den exotischen Stränden auf Hawaii oder zu den Sonnentempeln in Peru. Hauptsache die Sonne scheint. Jedes Jahr endet die Entspannung für Tausende mit Unfällen und Krankenhausaufenthalten. Milliarden von Schlaf- und Beruhigungsmitteln werden jährlich geschluckt. Rauchen, Alkohol und andere Drogen sollen den durchgedrehten Geist beruhigen. »Herr Doktor, ich bin so gestresst.« (Und der Doktor erst.) Hoffentlich stürzen die Börsenkurse nicht ein, hoffentlich hält mein Herzschrittmacher durch.

Eile ist der Feind der Stille. Hektik lässt keine Ruhe zu, kein Sinnieren, kein Überlegen, kein Abwägen, kein Verweilen. Eile meidet das Hier und Jetzt und damit die Verwunderung. Die Hektik hat das Leben reguliert, organisiert, malträtiert. Unter dem großen Schirm der Eile wohnt die Angst. Angst vor Vergänglichkeit, Angst sich selbst zu verlieren, Angst zu versagen, Angst ein Niemand zu sein, Angst vor dem Tod, Angst vor der Angst. In der Eile offenbart sich eine innere Unruhe. Eine Unruhe, die es nicht erträgt, dass Ruhe und Stille mit Illusionen und überzogenen Wünschen aufräumen. Ziele, Ergebnisse, Leistungen sind der Anlasser für den heiß gelaufenen Motor von Hektik, Unruhe und Lärm. Der Bach fließt, die Sonne kommt auf. Wundervolle Wolkenmuster, der Duft von Kräutern, schillernde Wellen in der Abenddämmerung, der Tanz des Frühlings, die Farbenpracht des Herbstes, krachende Schneekristalle an einem Winterabend, die flimmernde Hitze eines Sommernachmittags.

Unser Terminkalender ist voll, viel zu voll. Sogar die

Jahreszeiten möchten wir planen. Das Gras darf wachsen, aber es hat sich der Gartenplanung unterzuordnen. Zwerggurken, orangefarbene Paprika, gelbe Zucchini, manipuliert von einem unbefriedigten Geist, sind für viele wichtiger als die Weisheit der Natur. Stadt und Land entfernen sich immer weiter voneinander. Zum Glück können wir in der Stadt unser Biogemüse kaufen und vegetarisch essen gehen. Alternativ ist fast normal geworden. Aber das große Karussell dreht sich dennoch weiter, auch wenn viele nicht mehr einsteigen wollen. Wie lange noch? Da muss ich zuerst in meinen Terminkalender schauen.

Ein Pilger des Lebens hat keine Eile. Er passt sich dem Rhythmus des Lebens an, nicht der heiß laufenden Stressmaschine, die viele Menschen entmenschlicht und krank macht. Ein Pilger des Lebens beeilt sich für nichts mehr. »Eile mit Weile« stand in der Antike über dem Eingang vieler Einweihungstempel. Sicher, wer die Wahrheit entdecken möchte, muss sein Leben in Fahrt bringen, aber ohne Stress. Sein Atem richtet sich nach dem großen Lebensatem. Sein Herz schlägt mit dem Herzen von Mutter Erde mit. Ein Pilger des Lebens liebt den Rhythmus des Wanderns, der Landschaft, der reinen Natur, der Stille, der Achtsamkeit. Seine Sinne sind ruhig und nicht überreizt. Er sieht, dass die Früchte langsam wachsen und er genießt es langsam. Das Unterwegssein erfüllt sein Leben. Ein Leben ohne Ziel, denn das Leben ist das Ziel.

Schnelligkeit und Eile können dem Seienden keine Beachtung schenken. In der Natur gibt es keine Rekorde. Der Geschwindigkeitsmesser ist eine menschliche Erfindung, ausgedacht von einem ungeduldigen

Geist. Hast ist eine zentrifugale Kraft, die letztendlich alles um sich herum zerschmettert. Schnelligkeit und Eile können keine Liebe zulassen, nur Werbung, die immer mehr Bedürfnisse hervorruft. Warum sollten wir uns beeilen? Für wen? Für was? Nichts ist von Dauer, alles fließt, alles verändert sich. Die Eile kann daran nichts ändern. Es gibt keine einzige Wolke am Himmel, die schneller vorbeizieht als der Wind es erlaubt. Einer Eintagsfliege wird man niemals ein schönes Wochenende wünschen können und für einen Siebenschläfer hat der Spruch »wir wachen, damit ihr schlafen könnt« keinen Wert. In der Natur ist alles in Harmonie. Warum also diese Fanfaren der Hast? «Eile mit Weile!« Leben ist kein Wettkampf ums Heimkommen. Wir sind bereits da!

Ein viel beschäftigter Geschäftsmann bat einen erleuchteten Meister: »Zeige mir schnell den Weg zur Erleuchtung!« »Geradeaus, immer geradeaus.«, sagte der Meister, aber der Kaufmann war bereits weg.

II

Sich der Weite öffnen

Was bringt Meditation?

> *Wenn du Weihrauch anzündest, Sutras herunterleierst, dich zur Erde neigst, dich im Stillsitzen übst, dich auf einen bestimmten Gedanken konzentrierst oder diesen gerade auszulöschen versuchst, befindest du dich auf einem Irrweg.*
> Meister Cheng

Meditieren ist »in«. Doch für viele kommt das »Aus«, sobald sie damit begonnen haben. Lotoshaltung, ein andächtiges Gesicht, äußere Stille. Wenn der Körper in Ruhe ist, ruht dann auch der Geist? Oder hofft der Geist auf die Verwirklichung einer spirituellen Fähigkeit, auf einen Vorgeschmack von Befreiung oder Erleuchtung, auf das Stillwerden des Ichs? Aber es gibt keine Befreiung, Erleuchtung oder Stille für das Ich, weil das Ich sich dabei sozusagen selbst im Weg steht.

Meditation beginnt dort, wo der Wille zur Meditation endet. Der Geist, der noch etwas von der Meditation erwartet oder verlangt, ist vergleichbar mit einem Windhund, dem befohlen wird, still zu sitzen, während all seine Sinne schon auf einen vor ihm hüpfenden Hasen gerichtet sind. Mit jeder Bemühung oder Übung zur Meditation entfernen wir uns weiter von einem meditativen Geist. Jegliches Üben entspringt dem Ego. In einem meditativen Geist herrscht Aufmerksamkeit, Achtsamkeit. Achtsamkeit für alle Wünsche, Begierden, Gedanken, Worte, Gefühle, Aktionen und Reaktionen. Zweck der Meditation ist das Meditieren selbst, zu lernen, hier und jetzt voller Achtsamkeit zu sein. Sobald der Meditierende einen Zweck außerhalb seiner selbst schafft, entsteht Dualität.

Achtsamkeit entsteht sofort, wenn das Verlangen, etwas erreichen zu wollen, in den Hintergrund gedrängt wird. Wenn der Geist nicht forciert wird, wird er von selbst meditativ. Meditation entsteht, sobald man sich seiner Sinnesreaktionen vollkommen bewusst ist, sobald man den Geist entspannt und sich mit nichts identifiziert. Wenn man schaut, dann schaut man. Ohne Urteil, ohne Emotionen, ohne Zustimmung oder Ablehnung. Und es existiert dann nur das Schauen. Das Schauen selbst ist Meditation. Ein Pferd kann einem Pfad am besten folgen, wenn es Scheuklappen trägt und somit nicht leicht abgelenkt werden kann. Wenn wir hören, tun wir nichts anderes als hören. Wenn wir fühlen, lassen wir uns ganz und gar auf das Gefühl ein. Wenn wir schmecken, konzentrieren wir uns vollkommen auf den Geschmack. Und wenn wir riechen, versuchen wir nur den Geruch wahrzunehmen.

Gedanken entstehen und vergehen. Wir brauchen sie nur wahrzunehmen. Der Himmel urteilt nicht über graue, schwarze oder weiße Wolken. Sie treiben einfach durch die Luft. Gedanken sind auch Wolken. Sie treiben am klaren Himmel des unermesslichen Bewusstseins dahin. Es werden »unsere« Gedanken, wenn wir uns mit ihnen verbinden. Nehmen wir sie nur wahr, dann ziehen sie im inneren Raum des Geistes dahin. Es gibt nur Gedanken, weder gute noch schlechte. Sie haben keine Substanz, sie sind leer. Aber durch Identifikation, durch Werte und Normen bekommen sie eine bestimmte Farbe, Größe und Kraft. Sie verwandeln sich in farbige Wolken, die die Sicht auf das Licht behindern. Angst und Verwirrung lassen sie dicker und dicker werden.

Meditation strebt keine Erfahrung an, denn Erfahrung schafft Dualität: es gibt etwas, das erfahren wird und es gibt das Ich, das diese Erfahrung macht. Schöne Visionen, Farben oder Klänge sind nicht der Zweck einer Meditation. Meditation kann ein Schlagbaum sein, der jegliche Dualität aufhebt und eine Implosion von Leere erzeugt, eine Potenzialität von allem Seienden. Es gibt kein Ich mehr, das dies erfahren kann. Dann gibt es weder einen unwissenden noch einen wissenden Geist. Der Geist ist in sich selbst zuhause. Nichts muss mehr gekannt werden. Meditation führt zur vollkommenen Freude, die wir selbst sind, zur unergründlichen Quelle der Dinge, zum Universalbewusstsein.

Meditation ist der natürliche Zustand des Geistes, der eintritt, wenn keine Begierden vorliegen. Klarheit, Reinheit, alles durchdringendes Licht stellt sich ein. In diesem Zustand gibt es niemanden mehr, der erfährt. Ein solcher Zustand kann nicht geplant, angestrebt oder herbeigesehnt werden, er überkommt uns. In einem solchen Zustand ist es die Stille selbst, die sich in uns erfüllt. Der Geist ist vollkommen leer. Sobald der Geist seine Konzentration verliert, stellt sich die Erinnerung ein, die mit Ergreifen und Anhaften einhergeht.

Meditieren in der Natur kann die Flamme der Achtsamkeit anfachen. Das ruhige Betrachten eines Gebirgsbaches lässt den Geist einfacher zur Ruhe kommen als das stundenlange Sitzen auf einer harten Unterlage.

Wenn man sich zum Stillsitzen zwingt, wird der Geist aktiver denn je. Wenn wir das Bedürfnis verspüren, uns hinzusetzen, dann setzen wir uns einfach hin. Sitzen, um zu sitzen. Ohne Erwartung, ohne Hoffnung. Nur wahrnehmen, was im Körper und im Geist geschieht. Wir können den Sinnen folgen, der Atmung, den Gedanken. Wir lassen alles geschehen und schauen nur zu. Atmen ein und aus. Konzentration des Geistes.

In der Natur, beim Kochen, beim Putzen, Telefonieren, Autofahren, Einkaufen, beim Laufen, Sitzen, Schlafengehen. Bei all unseren Verrichtungen kann der Geist meditativ (= achtsam) sein.

Der Meister hatte ihr einen neuen Namen gegeben: Mahakaruna, »das große Mitgefühl«. Jeden Tag meditierte sie eifrig, während sie im Lotossitz auf ihrer Matte saß, Räucherstäbchen anzündete und tausendmal den Namen des Buddha anrief. Nach jeweils hundertmal rufen, schlug sie dreimal auf einen schweren Gong. Dong ... dong ... dong. Eines Tages hatte ihre Nachbarin ein Problem und wollte mit ihr sprechen. Sie klopfte an die Tür. Dong ... dong ... dong. Mahakaruna hatte das Klopfen zwar gehört, wollte aber nicht öffnen. Sie war beim Meditieren. Dreimal klopfte die Nachbarin laut an die Tür. Endlich öffnete Mahakaruna verstört die Tür. »Hörst du nicht, dass ich meditiere?«, rief sie böse. Die Nachbarin erschrak über ihre Reaktion, konnte es aber nicht lassen, zu sagen: »Wenn du mich, nachdem ich dreimal deinen Namen gerufen habe, schon so böse behandelst, wie wütend muss dann erst dein Buddha sein, dessen Name du tausendmal am Tag anrufst!«

Geben und Empfangen

> *Wenn du Almosen gibst, soll deine linke Hand nicht wissen, was deine rechte tut.*
> Jesus von Nazareth (Matthäus 6,3)

Im Universum existiert ein Gesetz, das nur wenige wirklich kennen und anwenden: Was in Liebe gegeben wird, kehrt in mannigfacher Liebe zurück. Dieses Gesetz ist keine Anleitung zum Reichwerden, aber wer seine tiefe Bedeutung versteht und anwendet, dem wird es in seinem Leben an nichts mangeln.

Geben und Empfangen entspringen derselben Quelle. So wie ein Baum von den Wurzeln bis zum Wipfel von einer einzigen Lebensenergie erfüllt wird, so sind auch Geben und Empfangen von einer Energie erfüllt, wenn Geber und Empfänger abwesend sind, das heißt, wenn selbstlos gegeben und empfangen wird. Bei selbstlosem Geben und Empfangen gibt es kein zu viel oder zu wenig. Es gibt nur ein Strömen und Weiterströmen (lassen). So wie die Wellen bei Ebbe und Flut ineinander übergehen, so gehen auch selbstloses, bedingungsloses Geben und Empfangen ineinander über. Sobald das Geben aber nicht mehr bedingungslos vor sich geht, wird der Energiefluss gestört.

Wenn in Liebe gegeben wird, tritt das Ich allmählich in den Hintergrund. Wenn wir unsere Zeit, Aufmerksamkeit, Zuwendung, Energie, einen Teil unseres Geldes, Besitzes, Wissens oder unserer Erkenntnis in Liebe einem anderen geben, wird das Gegebene früher oder später in vielfacher Form zu uns zurückkehren. So wie ein Granatapfel zahllose Samenkörner für neue

Früchte in sich trägt, so enthält die Frucht des Gebens zahllose Samenkörner, die irgendwann reifen werden. Immer, wenn wir etwas von Herzen geben, verschwindet eine der harten Schalen, die unser Herz umgeben und es strömt mehr Liebe aus der Quelle des wahren Seins. Geben befreit von Egoismus. Und das richtige Empfangen ebenfalls. Wenn wir uns nicht trauen, das zu empfangen, was jemand uns in Liebe gibt, werden wir vielleicht von unserem Stolz oder von unserem Schamgefühl oder von anderen, lediglich dem Ich dienenden Eigenschaften daran gehindert. Auf diese Weise wird der Energiefluss von Geben und Empfangen ebenfalls unterbrochen. Empfangen lernen ist oft schwieriger als geben lernen, denn beim Empfangen muss die Hand lernen, sich ebenso weit zu öffnen wie beim Geben.

Wenn wir freigebig sind, geben wir uns selbst frei, befreien wir uns von Besitz und lösen uns vom uralten Verlangen nach dem Ergreifen und Festhalten. Freigebigkeit ist der kürzeste Weg zur Selbstlosigkeit, zum Sichtbarwerden unserer wahren Natur: Liebe und Mitgefühl.

Sobald wir nicht mehr an den Dingen hängen, sind Geben und Empfangen mit Freude und Dankbarkeit verbunden. Wer nicht festhält, kann einem anderen Menschen einen Einblick in das Leben geben. Dann können Weisheit und Mitgefühl erblühen. Wenn wir erkennen, dass alles eins ist, ist kein Platz mehr für zwei, für die Dualität von Gewinn und Verlust, von Geben und Empfangen. Sobald sich der Gedanke an eine Zweiheit einstellt, gibt es ein Ich und ein Du. Dann entstehen Kummer und Leid. In der Einheit existiert kein

Zwischenraum für ein Ich. In der Zweiheit aber ist sogar der weite Himmel nicht groß genug, um alle Luftballons des Verlangens aufsteigen zu lassen.

Wer sich täglich in selbstlosem Geben übt, wird merken, dass die Freude ihn auf seinem Lebensweg begleiten wird. Aber wenn wir geben, dürfen wir niemals betonen, dass wir die Gebenden sind. Uns gehört nichts. In Wirklichkeit besitzen wir nicht einmal uns selbst. Wenn wir darauf pochen, Gebende zu sein, dann nehmen wir etwas, anstatt zu geben. Dann verlangen wir insgeheim etwas zurück und werden zum Dieb des eigenen Gebens. Und zu versuchen, einen anderen im Geben zu übertreffen, heißt, die Flügel der Mühle der Macht in Bewegung zu setzen. Mit dem Geben und Empfangen als fließende Lebensenergie hat das nichts gemeinsam. Jedes Gefühl von Freude und Dankbarkeit wird dadurch zerstört.

Danke sagen ist etwas ganz anderes als Dankbarkeit. Sich bedanken ist angelernt und kann gesagt werden, ohne dass man dabei Dankbarkeit empfindet. Dankbarkeit überkommt einen und erfüllt das Herz mit einer friedvollen Energie. Sie steigt spontan auf beim Betrachten eines Sonnenuntergangs, eines Baumes, einer Blume, eines Berges, beim Lauschen von erhabener Musik oder der Worte eines wahrhaftigen Menschen, beim Geruch von Frühlingsduft, bei einer liebevollen Begegnung. Das Gefühl der Dankbarkeit wird nicht vom trennenden Denken gestört. Wenn die linke Hand nicht weiß, dass die rechte gibt, wenn keine Dualität beim Geben existiert, dann wird Dankbarkeit die Herzen des Empfangenden und des Gebenden erfüllen. Wenn jedoch aus Berechnung gegeben wird, verwandelt sich das Gegebene in ein Stück trockenes Holz, das in der eigenen Hand zerbricht. Wer könnte das in Liebe empfangen? Beim bedingungslosen Geben ist es die Liebe selbst, die sich in unzählige Hände verschenkt. Wird die linke Hand dann überhaupt noch wissen, dass es eine rechte gibt?

Dankbarkeit entsteht, wenn wir uns nichts mehr aneignen wollen, wenn wir ganz und gar im Hier und Jetzt sein können, vollkommen zufrieden mit allem Seienden, und jede Form von Unaufrichtigkeit verlieren. Dankbarkeit lässt im Bewusstsein Ruhe und Frieden einkehren, weil Verlangen, Ergreifen, Begehren und Leiden in dem Moment nicht vorhanden sind. Das Leben selbst kann sich in uns entspannen. In einer Geste, einem Wort, einem Blickkontakt. Dann feiert alles Seiende das Leben. Zeitlos, hier und Jetzt.

Ein Missionar sah, wie ein Hopi-Indianer zu essen anfing, ohne vorher zu beten. »Guter Mann, warum faltest du vor dem Essen nicht deine Hände, um Gott zu danken, dass er dir alles gegeben hat, dass er auch jetzt wieder dafür gesorgt hat, dass du etwas zu essen hast?« Der Hopi-Indianer schaute den Missionar verwundert an, steckte sich schweigend noch einen Bissen in den Mund, kaute andächtig und sagte ruhig: »Gott danken vor dem Essen? Unterscheiden Sie in Dankbarkeit vor, während und nach dem Essen? Wir Indianer stehen immer dankbar auf und legen uns dankbar schlafen. Wir geben uns gegenseitig die Hand, denn die Hände meiner Brüder und Schwestern sind die Hände des großen Geistes.«

Das Ende allen Betens

Er sprach:
»Gehe in deine Kammer,
schließe die Tür
und bete zu deinem Vater, der im Verborgenen ist.« –
Das heißt, der das Innerste von ihnen allen ist.
Was aber das Innerste von ihnen allen ist,
ist die Fülle der Fülle.
Weiter drinnen gibt es nichts.
Das Innerste ist der, von dem gesagt wird,
dass er »über ihnen« ist.
Evangelium nach Philippus, Vers 57

Es wird viel gebetet in der Welt. Beten heißt bitten, ersuchen, flehen. Zahllose Menschen beten zu Gott in der Hoffnung, dass ihre Wünsche erfüllt werden. Beten ist meist nichts anderes als eine subtile Form von Selbstsucht. Man betet, um etwas zu bekommen, Nahrung, Regen, Schutz, Hilfe bei einem schwierigen Problem, Segen für einen Krieg, Glück, Gesundheit, eine glückliche Ehe, ein langes Leben, Erfolg, das Bestehen einer Prüfung. Es gibt sogar Leute, die zu Gott beten, dass er ihnen einen Parkplatz geben möge. Wenn Gott all unsere Wünsche erfüllen müsste, die oftmals auch noch völlig entgegengesetzt sind, wären Erde und Menschheit schon längst untergegangen.

Wir brauchen keine Tiefenpsychologen zu sein, um zu sehen, dass Millionen von Menschen ihre Wünsche auf Gott projizieren und von ihm erwarten, dass er all diese Wünsche wie ein kosmischer Wundertäter, wie ein reicher und fürsorglicher Patenonkel erfüllt. Mit beten und Gott hat dies aber überhaupt nichts zu tun. Es ist nur eine schlaue Form von Tauschhandel. Gott wird gepriesen und angebetet; wir flehen ihn an, uns dabei zu helfen, etwas zu erlangen oder zu erreichen. Geht der Wunsch in Erfüllung, dann wird Dankbarkeit gezeigt, in Form eines Dankgebetes oder eines Votivsteines mit einer schönen Inschrift in einer Kirche oder Höhle. Erfüllt sich der Wünsch jedoch nicht, dann gerät Gott ganz schnell in Vergessenheit. Viele Menschen beten zwar vor dem Essen, sind aber nur halbherzig bei der Sache. Sie machen ein flüchtig angedeutetes Kreuzzeichen oder murmeln schnell einige Zeilen aus einem Gebet. Dass man der Erde Dankbarkeit zeugen sollte für all die Nahrung, die sie uns schenkt, dass man demjenigen, der das Mahl zubereitet hat, Dank schuldet, wird meist vergessen. Nur vereinzelt gibt es Menschen, die wirklich voller Hingabe in einem aufrichtigen Gebet versunken sind. Die Mehrheit der betenden Menschen gleicht eher Gebetsheuschrecken. Sie reiben ihre Flügel der Begierde aneinander und versuchen Gott mit ihrem eintönigen Konzert von Bitten und Wünschen für sich einzunehmen. Sie drehen ihre Gebetsmühlen unaufhörlich hin und her, lassen unentwegt Gebetsperlen zwischen ihren Fingern hindurchgleiten oder schütten ihre Wünsche in endlosen Novenen, Andachten oder Prozessionen mit langen Ritualen aus.

Gott in einem Gebet zu preisen ist unnötig, auch wenn alle heiligen Texte dazu auffordern. Wenn ein Lob- und Dankesgebet einem aufrichtigen Gemüt entspringt, kann es dazu beitragen, den Geist zu konzentrieren oder eine Atmosphäre der Dankbarkeit entstehen zu lassen. Gott wird davon jedoch nicht berührt. Gott hat kein Ego und ist nicht empfänglich für Lob oder Kritik, für Dank oder Schmach. Gott ist unsere eigene, tiefste Unergründlichkeit, der »Ungrund« allen Grundes, über alle Gegensätze erhaben.

Es gibt viele Arten des Gebets. Aber wie sich ein Rad um seine eigene Nabe dreht, so dreht sich jedes Gebet um Gott. Und da alle Fragen die Speichen des »Gebetsrades« sind, ist es unmöglich, zur Nabe von Stille und Leere vorzudringen, in der Betender und Angebeteter in dem aufgehen, was alles unergründlich und grundlos durchdringt.

Wir können das Gebet als eine Leiter betrachten. Für jede Form des Bewusstseins gibt es eine Stufe. Der Mensch, der Gott als einen Wünsche erfüllenden Baum betrachtet, kann auf der ersten Stufe seine Wünsche in Erfüllung gehen lassen. Einige Stufen höher kann Gott als eine Person gesehen werden. Aber das persönliche Gottesbild ist immer noch eine Projektion der Persönlichkeit. In dieser Phase kann Gott sogar als Person in Erscheinung treten, wie uns allerlei wundersame Geschichten aus den religiösen Traditionen zeigen. Wieder ein paar Stufen höher wird das Gebet allmählich unselbstsüchtig: Man betet für das Glück anderer. Solange sich die vollkommene Erkenntnis noch nicht eingestellt hat, dass es kein Ich und keinen Anderen gibt, kann diese Form des Gebets im Bewusstsein eine Brücke schlagen, über die man zu immer mehr Einheit gelangen kann. Die Erfüllung eines Gebets kommt nicht von Gott, sondern aus dem eigenen Bewusstsein, aus dem eigenen Geist heraus. Die zweithöchste Form des Gebets findet auf der letzten Stufe statt. Dort enden alle vorhergehenden Stufen. Dort gibt es kein Bitten und Flehen, kein Beten, keinen Betenden und keinen Angebeteten mehr. Dort herrscht Stille, Leere, die zugleich die freudvolle Fülle des eigenen Wesens ist. Das Wesen des Menschen vereint sich mit Gott, aber es gibt nach wie vor zwei, wie subtil diese sich auch gestalten.

In der letzten Phase gibt es keine Stufe mehr, keine Leiter, keinen Gott, kein Ich. Dort entdecken wir, dass wir selbst der »Sohn« sind, der wiederum der »Vater« ist. Dort löst sich der Sohn in der Unergründlichkeit des Vaters auf. Dort sind der Vater und Ich vollkommen eins. Es steigt über unser Ich hinaus, beendet die Illusion eines Ichs. Wer den Stilleraum seines Innern betritt und die Tür aller Begierden schließt, wird sich selbstlos wiederfinden. In diesem Zustand mangelt es ihm an nichts. Wir sind das Universum. Das Universum ist in uns. Die Illusion allen Bittens, Ersuchens und Betens ist durchschaut worden. Das ist das Ende allen Betens.

Simbad war arm. Eines Tages erbte er von einem reichen Verwandten eine wundervolle Perlenkette, die er auf dem Nachhauseweg verlor. Ein frommer Freund riet ihm, zu Gott zu beten. Der würde ihm helfen, die Kette wiederzufinden. Aber Simbad glaubte nicht an Gott. »Komm, du kannst es doch wenigstens versuchen!«, sagte sein Freund. Gesagt, getan. Nach einigen Gebeten fiel ihm die Kette aus der Luft vor die Füße und Simbad rief begeistert: »Gott, du kannst aufhören zu suchen, ich habe die Kette wieder gefunden!«

Über Gott lässt sich nichts sagen

Als ich in meiner ersten Ursache stand, da hatte ich keinen Gott, und da war ich Ursache meiner selbst; (...) Als ich aber durch meinen freien Willen ausging und mein geschaffenes Sein empfing, da hatte ich einen Gott.
Meister Eckhart

»Gott« – kein Wort ist so oft gebraucht und missbraucht worden wie diese Umschreibung für das Unnennbare, das Unsagbare, das Unbeschreibbare. Wie viele Kämpfe und Kriege wurden im Namen dieses so stark mit Dogmen und Meinungen belasteten Wortes geführt? Wie viel Gewalt wurde dieses Wortes wegen verübt? Millionen von Kirchen, Synagogen, Tempeln und Moscheen wurden zu Ehren von Gott erbaut, als ob Gott eine solche Ehrbezeugung nötig hätte. Es wurden viele Kilometer von dicken Büchern über Gott veröffentlicht und unzählige Theologen aus allen Religionen haben über Gott promoviert oder sich auf ihn spezialisiert. Sogar über das, was Gott nicht ist, wurden zahlreiche Abhandlungen geschrieben. Und immer lautet die Schlussfolgerung, dass sich über Gott nichts sagen lässt, dass Gott über alles Denken hinausgeht, von keiner Erfahrung erfasst werden kann und in kein einziges Konzept hineinpasst. Aber das Wort »Gott« selbst ist ein Konzept. Das Konzept »Gott« hat erhabene Stimmungen und wundervolle Kunstwerke hervorgebracht, aber in seinem Namen wurden auch die grauenvollsten Verbrechen verübt.

Alle Mystiker sind sich in diesem Punkt einig: Gott

ist unnennbar. Erfahrbar wohl, obwohl es »niemanden« mehr gibt, der »erfährt«. Und dennoch, angetrieben von dieser unnennbaren Kraft, schreibt und dichtet der Mystiker über Gott, tanzt, malt und gestaltet in seinem Namen. Diese fließenden Bewegungen, Wörter, Farben und Bilder entspringen der Ruhe des Ungrunds.

Gott ist nicht erkennbar und hinterlässt keine Spuren, ebenso wenig wie ein Vogel, der durch den leeren Raum fliegt. Jenseits aller Formen, jenseits von Raum und Zeit ist das, was ist. Geheimnisvoll und tief, ohne Grund, finster wegen des gleißenden Lichtes.

Und dennoch, Gott ist überall anwesend. In allen Formen, in Raum und Zeit, in Licht und Finsternis, in Bewegung und Ruhe, losgelöst von allem, der nicht handelnde »Macher« von allem. Gott ist in allem, was lebt und atmet, erkennbar. Im Adler, der über die Gipfel der Berge schwebt, in der Ameise, die sich zwischen modrigem Holz ihren Weg sucht, im Armen und im Reichen, im Weisen und im Toren, im Folterer und im Gefolterten, im Kranken und im Gesunden, im Mächtigen und im Ohnmächtigen, in den Göttern und in den Engeln, in allen Himmeln und Höllen. Kein Ort, an dem Gott nicht wäre.

Das Wort »Gott« ist so beschmutzt, so missbraucht worden, dass es besser scheint, zu schweigen. Eigentlich müssten wir jedes Mal, wenn wir dieses Wort verwenden, unseren Mund ausspülen. Was wirklich unsagbar ist, kann ohnehin nicht gesagt werden. Jeder Name für das Unsagbare ist wie der Versuch, fließendes Wasser mit einem Strick festbinden zu wollen. Ob wir Gott nun tausendundeinen Namen geben oder ob wir sagen, dass sein Name nicht ausgesprochen werden darf oder sogar geheim ist. Ob wir behaupten, dass Gott existiert oder nicht existiert, ob wir Gott verehren oder bekämpfen, dies alles sind nur zum Scheitern verdammte Annäherungen an das Unnahbare. Denn um sich einer Person oder einer Sache annähern zu können, muss zuerst eine Distanz vorhanden sein. Aber was näher ist als Hände und Füße, näher als unsere Aorta, kennt keine Distanz, ist reines Sein. Das Eine duldet kein Zweites.

Auch die in höchstem Maße fesselnde Begründung oder der spannendste Vortrag über Gott ist wie ein unbedeutendes Anhauchen gegen den Sturm, ein hoffnungsloses Schwimmen gegen den Strom. Das Leben selbst bestimmt die Richtung, wir nicht. Wenn wir sagen, dass Gott Liebe ist, vermuten wir etwas über die ultimative Möglichkeit des Seins, aber das Wort »Liebe« ist nicht die Liebe selbst. Wenn Gott »weder dies noch das« ist, sagen wir also überhaupt nichts über Gott. Sprache ist ein Fangnetz von Wörtern, in dem die Stille immer wieder durch die Maschen hindurchschlüpft. Wörter können die Stille des Seienden nicht beschreiben, auch wenn sie bestenfalls dessen Rückseite sind.

Im ägyptischen Tempel von Sais stand früher die Statue der verschleierten Isis. Darunter befand sich der Text: »Wer mich sehen will, muss sterben.« Zwischen dem individuellen Bewusstsein und dem Universalbewusstsein hängt der Schleier der Unwissenheit. Der Mensch hat zwischen sich selbst und Gott Tausende von Schleiern gewebt. Von Gott aus gesehen gibt es das Eine nicht. Gott können wir niemals sehen, wohl aber sein. Wer Gott »sieht«, lebt noch in der Dualität. Wer »Gott« geworden ist, ist seiner menschlichen Natur nach gestorben.

Alle Begriffe, die sich auf Gott beziehen, etwa reiner Geist, Ewigkeit, Zeitlosigkeit, jenseits von Raum und Zeit, unnennbares Licht, vollkommene Leere, das Finstere, das Nicht-Kennbare, das absolut Vollkommene, das Über-aller-Existenz-Erhabene, sind Verlegenheitsausdrücke für etwas, das sich nicht ausdrücken lässt.

Wer am Rand des Wassers steht, kann viel über das Wasser sinnieren. Ob es warm ist oder kalt, tief oder flach, süß oder salzig. Das Wasser wird von diesen Betrachtungen aber nicht beeinflusst. Wenn man sich jedoch bis zum Hals ins Wasser stellt, lässt es sich viel konkreter beschreiben. Warm und kalt sind dann keine abstrakten Begriffe mehr, tief und flach, süß oder salzig werden zu einer Erfahrung. Und wer untertaucht, kann nichts mehr über das Wasser sagen. Alles Sprechen wird dann unmöglich. So ist es auch mit dem Sprechen über Gott. Die Theologen und Schriftgelehrten stehen am Rand des Wassers. Ihr Mund quillt über von Wörtern und Begriffen. Der Gott suchende Mensch begibt sich bis zum Hals ins Wasser und macht erste Erfahrungen. Der Mensch jedoch, der völlig von Gott erfüllt ist, der sozusagen in Gott ertrinkt, hat und braucht keine Worte mehr.

Zahllose Menschen sehnen sich nach Gott. Gott scheint ihnen die Erfüllung aller Sehnsüchte, die Beendigung jeglichen Heimwehs zu sein. Aber Gott ist Universalbewusstsein ohne Verlangen. Erst wenn wir keinerlei Verlangen mehr haben, ja wenn wir uns von Gott als Idee befreit haben, wenn wir nichts mehr wissen über Gott und an der Wurzel des Baumes der Erkenntnis gestorben sind, wenn wir so arm im Geiste sind, dass dieser Geist kein einziges Bild von Gott mehr beinhaltet, erst dann kommt Gott auf Füßen der Stille vollständig zu uns und erfüllt die Leere unseres Herzens, so wie das Sonnenlicht früh am Morgen still ins Tal hinabgleitet und es allmählich vollständig erhellt.

Gott ist ein Bewusstseinszustand, in dem es kein Verlangen mehr gibt, in dem jegliche Art von Dualität aufgehoben wurde. Wenn wir erkennen, dass alle Dinge innen leer sind, dass alles miteinander zusammenhängt und sich gegenseitig bedingt, dass alles tatsächlich eins ist, dann werden wir sehen, dass Gott nicht als ein eigenständiger Schöpfer außerhalb von uns selbst existiert. Erst dadurch, dass wir uns als Geschöpf erfahren, schaffen wir die Vorstellung eines Schöpfers. Aber Gott ist Bewusstsein des Ungrunds, Urgrund vor Geist und Materie, vor jeglichem Verlangen, vor allem Wissen und aller Unwissenheit; die Potenzialisierung von allem Seienden, Grund allen Grundes, Ungrund, in dem alles in Liebe entsteht und vergeht. Gott kann sich auf jeder Bewusstseinsebene manifestieren: den ihm Ergebenen in persönlicher Form und in unpersönlicher Form in der unergründlichen Tiefe des Bewusstseins derer, die Gott als Gesamtbewusstsein, als Ruhe und Bewegung entdeckt haben.

Aber ach, ich täte jetzt besser daran, meinen Mund zehnmal auszuspülen.

Das alljährliche Festmahl zu Ehren des Königs stand bevor. Alle saßen standesgemäß am reich gedeckten Tisch und warteten auf den König, dessen Thron noch leer war. Plötzlich betrat ein nachlässig gekleideter Sufi den Saal und setzte sich auf den Thron. Der erste Minister war entsetzt und fragte den Mann streng, wie er es wagen konnte, sich auf den Thron des Königs zu setzen.

»Sind Sie vielleicht ein wichtiger Minister?« »Nein, das bin ich nicht. Ich bin mehr als das«, antwortete der Sufi. »Sind Sie vielleicht der König selbst, der sich verkleidet hat?«, worauf der Sufi entgegnete: »Nein, ich bin nicht der König. Ich bin mehr als das.« »Dann sind Sie sicher der Prophet Mohammed«, sagte der erste Minister. »Nein, ich bin auch nicht der Prophet. Ich bin mehr als das.« »Sind Sie vielleicht Gott?« »Nein, ich bin nicht Gott. Ich bin mehr als das«, sagte der Sufi lächelnd und schaute allen Gästen fest in die Augen. »Aber wie wagen Sie es um Himmels willen so etwas zu behaupten? Nichts ist mehr als Gott«, rief der erste Minister böse. »Ich bin dieses ›Nichts‹«, sagte der Sufi, streckte seine Beine aus und begann zu essen.

Karma und Freiheit

Sind wir die Täter unseres Tuns, dann müssen
Wir dessen Früchte auch verzehren.
Doch fragt man aufmerksam: Wer ist der Täter«?
Und schaut das Selbst, erlischt die Täterschaft,
Dreifaches Karma sinkt mit ihr dahin,
Und eine ew'ge Freiheit tut sich auf.
Ramana Maharshi

Die Wirklichkeit des Lebens wird auf allen Ebenen und in allen Daseinssphären von Karma, Wirkung und Handlung bestimmt. Jedes Lebewesen ist Wirkungen und Handlungen ausgesetzt und unterliegt damit dem Gesetz von Ursache und Wirkung. Jede Handlung, jede Aktion zieht Folgen nach sich. Jede Folge ist wiederum die Ursache einer anderen Folge. So nähren sich Ursache und Folge und Folge und Ursache in einem überaus komplizierten Netzwerk des Lebens.

Es gibt kein einziges Lebewesen, das nicht handelt, das nicht tätig ist. Das Universum besteht aus einem unermesslichen Netz von Aktion und Reaktion und von sich gleichzeitig abspielenden Ereignissen. Diese Wirksamkeit kennt weder Anfang noch Ende. Beginn- und Endpunkte werden nur von dem damit verbundenen Ich gesetzt. Auch die Persönlichkeit ist aus einem Netzwerk von Karma aufgebaut, in dessen Zentrum das Ich unermüdlich neue zerbrechliche Fäden von Glück und Unglück spinnt. Solange wir die Illusion eines Ichs, eines Selbst aufrechterhalten, sind wir, ohne es zu wissen, Regisseur, Drehbuchautor, Bühnenbildner, Akteur und Zuschauer unseres eigenen Lebens.

Wir sind die Weber unseres eigenen Lebensteppichs, wir bestimmen Kette und Einschlag, Muster und Farbe, Qualität und Preis. Wir allein sind für unsere Gedanken, Worte und Taten verantwortlich. Wir sind die Schöpfer unserer Existenz, wir können sie aufrecht erhalten oder vernichten, solange wir gefangen sind in dem Gedanken, dass wir es sind, die alles bestimmen und tun.

Die totale Präsenz des Seins, aus der alle Dinge emporsteigen wie Wellen im Meer. Sie kommen und gehen. Immer wieder von neuem und mit unermüdlicher Kraft. Das Karma ist der Wellenschlag des Formenspiels. Wer sich mit den Formen, mit den Gestaltungen identifiziert, verursacht eine lange Welle, die über das Meer reist und erst am Strand zur Ruhe kommt, wenn jede Wirksamkeit beendet wird. Nicht die Wellen tragen den Ozean, sondern der Ozean trägt die Wellen. Nicht die Bäume bewegen den Wind, sondern der Wind bewegt die Bäume. Nicht der Himmel treibt durch die Wolken hindurch, sondern die Wolken ziehen am Himmel entlang. Es gibt eine Reise über das Meer der Formen, aber es gibt keinen Reisenden.

Das Leben kann nicht zu einem späteren Zeitpunkt stattfinden. Leben ist immer jetzt. Diese Präsenz ist eins, unteilbar. Eins im Bewusstsein, eins im Handeln, eins im Sein. Es gibt ein Leben. Leben ist eins. Zwischen den unzähligen Formen verläuft nirgendwo eine Trennungslinie. Alles fließt ineinander über, auch wenn wir glauben, Grenzen setzen und Definitionen des Seins entwerfen zu können.

Alle Handlungen geschehen unpersönlich. Im gesamten Universum gibt es niemanden, der handelt, und dennoch verläuft alles perfekt. Es gibt niemanden, der etwas regelt oder lenkt, und dennoch herrscht vollkommene Ordnung, sogar im so genannten Chaos.

Solange wir noch gefangen sind in der Illusion, dass wir jemand sind, unterliegen wir dem dreifachen Gesetz des Karma: der Gesamtheit von Auswirkungen, die sich aus Handlungen in der Vergangenheit ergeben, den direkten Entladungen im Hier und Jetzt und den Auswirkungen, die sich erst in der Zukunft manifestieren werden. Aber das, was wir wirklich sind, die ungeteilte Präsenz, die absolute Gegenwärtigkeit, hat nichts mit Karma zu tun und kann weder durch Ursachen noch durch Folgen angetastet werden. Auf einer tieferen Ebene sind auch Begriffe wie Karma, Gefangenschaft und Befreiung eine Illusion, ebenso wie diejenigen, die uns befreien möchten. Wir brauchen einzig und allein von der Wahnvorstellung, dass wir ein Ich sind, befreit zu werden. Und diese Befreiung erfolgt nicht durch Handlungen, sondern durch Erkenntnis.

Sobald das Karma mit Schuld, Buße oder Sünde verbunden wird, wird ein Fallstrick aus Angst, Schuldbewusstsein und Gewissensnot gelegt, in den sich die Persönlichkeit verstricken soll und der den Weg zur Freiheit blockiert.

Wenn wir das Gute anstreben, wird der Samen des Guten irgendwann aufkeimen, auch wenn die gegenwärtigen Bedingungen noch schlecht sind. Wenn wir das Böse anstreben, wird der Samen des Bösen irgendwann aufkeimen, auch wenn das Böse jetzt noch nicht spürbar ist. Der Geist ist das Feld, das Hängen an den Ergebnissen der Samenkorb und die Gedanken, Worte und Taten sind die ausgestreuten Samenkörner. Was wir heute sind, wurde vom Gestern bestimmt. Was wir morgen sein werden, wird von der Gegenwart bestimmt. Solange wir an die Scheingestalt unserer Persönlichkeit glauben, sind wir die Erben unserer Handlungen. Niemand kann uns davon enterben. So wie ein Bienenschwarm immer um die Königin herumschwirrt, so befinden sich die Folgen unserer Handlungen immer in unserer Nähe. Und so wie die Hand des Fischers mit dem Bambusstock verbunden bleibt, wenn er die Angel ins Meer wirft, so bleibt das »Kerbholz« des individuellen Geistes mit dem Ergebnis von guten oder schlechten Taten verbunden. Auch wenn wir unser Dorf oder unsere Stadt verlassen und uns in die Berge oder in abgelegene Täler flüchten, auch wenn wir unser Heil in einem anderen Land suchen, unser Geist bleibt mit den Früchten unserer Handlungen verbunden. Irgendwann werden wir sie erben.

Wille und Absicht sind zwei Zügel, die den Pflug des Säens und Erntens in Bewegung setzen. Sie bestimmen, ob die Ernte reich oder karg sein wird, jetzt und nach dem Tod.

Aber was wir wirklich sind, kennt weder säen noch ernten, ist weder leer noch voll, kennt weder gestern noch morgen, wurde niemals geboren und übersteigt jede Form des Seins.

Wir sind wie ein strömender Fluss. An der einen Stelle ist er klar und frisch, an der anderen Stelle trübe und grau, einmal beheimatet er viele Fische, ein anderes Mal gibt es kaum welche, manchmal ist er tief, manchmal seicht, aber er fließt trotz allem weiter. Welchen Namen man dem Fluss auch geben mag, seine Strömung bleibt davon unberührt. Das trifft auch auf uns zu. Weil wir einen Namen haben, einen Beruf, ein Haus, eine Familie, glauben wir jemand zu sein. Und damit entsteht sofort das große Missverständnis, dass wir glauben, ebenfalls der Besitzer unserer Handlungen und deren Früchte zu sein. Aber es gibt nur den Fluss des unpersönlichen Handelns, auch wenn ich denke, dass »Ich« es bin, der alles tut und erfährt. Alles ist in Bewegung und zugleich in vollkommener Ruhe. Nichts oder niemand ist gebunden. Alles ist wirklich frei!

Eines Tages begab sich Mullah Nasrudin in ein türkisches Badehaus. Er war schäbig gekleidet. Das Personal des Badehauses begrüßte ihn kaum und drückte ihm ein Stückchen Seife und ein altes, ausgefranstes Badetuch in die Hände. Mit einem heiteren Gesichtsausdruck nahm der Mullah die Sachen entgegen und nahm ein herrliches Bad. Anschließend drückte er jedem der Bediensteten zu deren großem Erstaunen ein Goldstück in die Hand. Bestimmt einer dieser Neureichen, die sich ärmlich kleiden, dachten sie.

Als der Mullah nach einer Woche wieder kam, wurde er höflich begrüßt und er bekam das beste Parfüm, das schönste Badetuch und ein großes Stück herrlich duftende Seife. Nachdem er sein Bad beendet hatte, wurde er trocken gerieben, massiert und parfümiert und einer der Bediensteten legte ihm einen handgewebten Bademantel um. Als er sich wieder angezogen hatte, gab er jedem freundlich eine kleine Kupfermünze. Auch dieses Mal war ihre Verwunderung groß. »Diese Kupfermünzen«, sagte der Mullah, »sind für das letzte Mal, die Goldmünzen waren für heute.«

Pfad des Friedens

> *Wenn ihr hingegen selbst keinen Frieden habt, wie wollt ihr den Weltfrieden herbeiführen? Die sich enthusiastisch für den Weltfrieden einsetzen, müssen zuerst lernen, diesen Frieden selbst zu erleben und zu genießen; danach erst können sie diesen Frieden nach außen ausbreiten und helfen, ihn zu fördern.*
> Sathya Sai Baba

Der Pfad des Friedens beginnt nirgendwo sonst als unter unseren Füßen. Bei jedem Schritt, den wir setzen, können wir Spuren von Hass, Neid, Macht, Stolz, Vernichtung oder Verblendung hinterlassen. Oder aber wir können in unseren Fußstapfen Lotosblüten des Friedens erblühen lassen. Wenn wir liebevoll und aufmerksam laufen, sprechen, atmen, schauen, hören, schmecken, riechen, fühlen und handeln, leisten wir einen Beitrag zum Frieden in der Welt. Wenn wir nichts anderes kennen als Eile, nur auf die Ergebnisse unseres Handelns fixiert sind, immer höhere Ansprüche stellen und immer ein Urteil oder Kritik parat haben, macht sich in unserem Geist Unfrieden breit. Wir müssen nicht einmal Waffen besitzen. Um im Kriegszustand zu leben, reicht es schon, wenn die Sinne im Haus des unruhigen Geistes nur darauf warten, anzugreifen oder sich zu verteidigen.

Innerer Frieden ist die Frucht von innerer Befreiung. Es ist die natürliche Qualität des Geistes, der in sich selbst eine Heimat gefunden hat. Bevor wir uns für den Frieden einsetzen, sollten wir unsere Beweggründe für unser Engagement erforschen. Friedensmärsche, Friedensverhandlungen, Friedensbemühungen, Friedenskonferenzen und Friedensabkommen können nur Früchte tragen, wenn unser Geist und unser Herz von Frieden erfüllt sind. Rituale und Zeremonien können keinen Frieden stiften. Sie fungieren nur als elegante Brücken, die man endlos überqueren kann. Sie versetzen den Geist vorübergehend in Ekstase, aber ein innerer Friede wird dadurch nicht erreicht. Anstatt die Geschichte des Krieges zu erforschen, täte man besser daran, den Kampfplatz des eigenen Geistes kennen zu lernen.

Ist der Geist voller Hass, Eifersucht, Angst, Macht, Stolz, Arroganz, Kritik und Selbstsucht, steht eine Armee von Feinden bereit. Ist der Geist dagegen eines Selbst ledig, jungfräulich wie eine unberührte Frühlingswiese in den Bergen, befindet der Geist sich in einem Zustand des inneren Friedens, der Harmonie. Der Kampf zwischen Gut und Böse wird nur im eigenen Geist ausgetragen. Die Kunst besteht darin, diesen Kampf aus der rechten Mitte heraus wahrzunehmen, ohne ein Urteil zu fällen und ohne zu verurteilen. Aus der rechten Mitte heraus können Gut und Böse nicht mehr untereinander kämpfen. Aus der rechten Mitte heraus gibt es niemanden mehr, der urteilt oder wählt, der ein Jemand sein möchte. Und wenn es niemanden mehr gibt, der über Gut und Böse urteilt, der sich zwischen ihnen entscheiden muss, dann wird es auch niemanden mehr geben, der einen inneren Kampf gegen sich selbst führt. Eine äußere Armee ist nur die Manifestation der Konflikte, die sich im Geist abspielen. Und alle Konflikte, jeglicher Unfrieden und alle

Kämpfe entstehen einzig und allein aus der Tatsache, dass man etwas darstellen möchte, dass man jemand sein möchte. Das Ego spielt gern den General, auch wenn es behauptet, nur dienen zu wollen. Es kann seine negativen Gefühle in Sekundenschnelle als Soldaten mobilisieren und ihnen befehlen, etwas oder jemanden anzugreifen oder sich selbst zu verteidigen. Ehe es uns bewusst ist, hat sich der Geist in einen Kampfplatz von Für und Wider, von Licht und Finsternis verwandelt. Wird das Licht der Weisheit und Erkenntnis jedoch angezündet, wird die Finsternis des Nicht-Wissens sofort weichen.

Innerer Frieden entsteht nicht dadurch, dass wir die sichtbar vor uns stehenden Feinde besiegen. Innerer Frieden kann nur entstehen, wenn es uns gelingt, die Feinde Hass, Verblendung, Illusion und Unwissenheit in uns selbst zu besiegen. Dann wird keiner mehr mit dem Finger auf einen anderen zeigen, weil er weiß, dass dann zur gleichen Zeit drei Finger auf ihn zeigen werden.

Einen anderen zu besiegen, ist kein Gewinn, sondern ein Verlust. Wer sich selbst besiegt, kann nicht mehr gewinnen oder verlieren. Wer sich darüber freut, dass er einen anderen besiegt hat und sich etwas darauf einbildet, der kann nur als Narr bezeichnet werden. Anstatt froh und stolz zu sein, dass man den anderen in die Knie gezwungen hat, müsste man sich in Grund und Boden darüber schämen.

Weltfrieden ist erst möglich, wenn alle Menschen mit sich selbst in Frieden leben. Nur wenn wir selbst von Frieden erfüllt sind, kann sich in unserer Familie und in unserem Freundeskreis Frieden ausbreiten. Der

Schritt zum Frieden in unserer Straße, in unserem Dorf oder in unserer Stadt ist dann nicht mehr so groß. Und wenn wir diese friedvolle Erfüllung konsequent durchsetzen, entsteht wie von selbst Frieden im ganzen Land und schließlich in der gesamten Welt. Wer mit sich selbst in Frieden lebt, lebt mit der ihn umgebenden Welt in Frieden, mit allen Menschen, Tieren, Pflanzen, mit der ganzen Erde, mit allem Seienden. Niemand braucht die Welt zu verändern. Nur wir selbst können uns verändern, indem wir erkennen, dass nicht das Ich der Mittelpunkt der Welt ist, sondern dass die Welt in der Unermesslichkeit des eigenen Geistes ruht. Wenn der Geist zu sich selbst gefunden hat, befreit von allen Begierden und jeglichem Anhaften, ist innerer Friede möglich. Und sobald der innere Frieden realisiert wurde, stellt sich auch der äußere Frieden ein. Der Geist, der still wird wie die Oberfläche eines Sees, der nicht mehr vom Sturm gepeitscht wird, ist reine Klarheit. Wenn sich der Sturm der Begierden und der negativen Gefühle gelegt hat, wird das ursprüngliche Antlitz des Friedens sichtbar. Ein grenzenlos reines Antlitz, in dem sich alles spiegelt. Denn nichts wird mehr von den Wellen der Begierde, der Unruhe und der Kritik hinweggespült.

Für den Frieden muss man sich nicht einsetzen. Denn das, wofür man sich engagiert, kommt aus dem Ich heraus und erzeugt sofort Dualität. Frieden ist die wahre Art unseres Seins, die jedoch nur durch Erkenntnis manifest wird. Die Sonne und ihre Planeten drehen sich von selbst um ihre eigene Achse, Ebbe und Flut gehorchen dem Rhythmus der Natur, Tag und Nacht folgen mühelos aufeinander. So ist es auch mit dem inneren Frieden. Er wird sofort sichtbar, wenn sich alle Begierden in dem Licht, das wir sind, auflösen. Wer es schafft zu leben, ohne sich in den Mittelpunkt zu rücken, wird überall ein Zentrum ohne Umriss sein. Licht und Frieden werden ihn überall durchleuchten und alle Sonnen und Sterne werden in seinem unergründlichen Geist ruhen.

Es war im Dschungel von Vietnam. Das Feldtelefon klingelte und der Kapitän nahm den Hörer ab. Von der Heimatbasis erklang die Stimme des Generals: »Und, habt ihr den Feind schon entdeckt?« »Ja«, sagte der Kapitän. »Er ist nah, ganz nah... Wir sind es selbst.«

Ozean des Universalbewusstseins

> *Die Flüsse hier im Osten fließen nach Osten, die im Westen fließen nach Westen, aus dem Meer fließen sie ins Meer, sie werden zum Meer. Wie diese dort nicht wissen, »ich bin dieser oder jener Strom«, so kommen alle diese Geschöpfe aus dem SAT, ohne zu wissen, dass sie aus dem SAT kommen. Was diese immer hier sind, sei es Tiger, Löwe, Wolf, Eber, Wurm, Motte, Fliege, Bremse, sie werden dazu.*
> Chandogya-Upanishad, 10,1.

Stell dir vor, du spazierst am Strand entlang und entdeckst eine wundervolle Sandburg mit Zinnen und jemand erzählt dir, der Wind habe diese Sandburg zufälligerweise so geformt. Würdest du das glauben? Stell dir vor, du stehst vor Rembrandts *Nachtwache* und jemand erzählt dir, dieses Gemälde sei durch das ungewollte Ineinanderfließen von Farbklecksen entstanden. Würdest du das glauben? Stell dir vor, du bekämst einen wunderbaren Roman geschenkt und jemand erzählt dir, die Buchstaben hätten sich von selbst zu diesem schönen Buch zusammengefügt. Würdest du das glauben?

Und das Meer, die Erde, die Luft, das Feuer, die Bäume, die Pflanzen, die Tiere, die Menschen, die Sonne, der Mond, die Planeten, die Sterne, das Universum mit all seinen Gesetzen? Einfach so entstanden?

Ist die Natur trotz Trillionen von Augen blind? Trotz unzähliger Ohren taub? Trotz zahlloser Tastsinne gefühllos? Die Sandburg, Rembrandts *Nachtwache* und der Roman sind durch Bewusstsein, durch Intelligenz entstanden. Leben ist die Manifestation eines wirksamen Universalbewusstseins, einer schöpferischen Intelligenz. Lebensatem, Lebensenergie, Lebenskraft, Manas, das Selbst, das Nicht-Selbst, Leere, Fülle, Gott, Brahman, der Ungrund, Ain-Soph und viele andere Namen – sie alle meinen das eine, ungeteilte Bewusstsein. Unbenennbar in seiner Quelle, benennbar in seinen zahllosen Manifestationen. Wie mächtige Wellen kommen alle Gestaltungen des Lebens aus dem Ozean des Universalbewusstseins und kehren dahin zurück.

Es gibt keinen Schöpfer und keinen Schöpfer des Schöpfers. Es gibt das unbenennbare, anfanglose, unergründliche Reservoir von Lebensmöglichkeiten und deren Manifestation. Ruhe und Bewegung, Bewegung und Ruhe. Stille und schöpferische Betriebsamkeit ohne Anfang, ohne Ende. Formen und Namen sind nur vorübergehend. Aber das, wodurch sich dies alles offenbart, das Universalbewusstsein, übersteigt Raum und Zeit. Das Leben funktioniert nach einem sich selbst organisierenden System mit eigenen Gesetzen, Mustern, Symmetrien. Es lässt sich mit nichts vergleichen, es ist einzigartig. Chaos und Kosmos, Kosmos und Chaos bilden eine Einheit, so wie Leere und Fülle sich gegenseitig ergänzen. Das unergründliche Bewusstsein enthält unzählige Möglichkeiten des Lebens, überraschende Kreationen, Gestaltungen. Es gibt weder einen ersten noch einen letzten Tag. Es gibt weder Anfang noch Ende und es gibt kein Ende am Ende.

Alles, was wir sehen, ist die Manifestation von Universalbewusstsein, von Intelligenz, von Leben, das sich selbst zu erkennen gibt. Bewusstsein trifft auf Bewusstsein trifft auf Bewusstsein … Eine endlose Spiegelung aus dem Einen heraus, völlig losgelöst. Ein kosmisches Spiel.

Leben ist Gesamtheit. Nirgendwo verläuft eine Grenze, auch wenn wir tagtäglich Tausende von Grenzen ziehen. Das Ganze ist mehr als die Summe der Einzelteile. Bewusstsein ist die subtilste Form des Seienden. Es erfüllt alles mit Leben, durchdringt alles, durchströmt alles. Wie eine unsichtbare Kraft. Es fügt alle Teile zu einem Ganzen zusammen. Alle Dinge sind eins. Bewusstsein als Kraft findet man nicht, indem man eine Lebensform in Einzelteile zerlegt. Diese subtile Kraft bleibt bestehen, unpersönlich, auch wenn alle Teile einer Lebensform verschwinden.

So wie wir mit einem Käscher keine Luft fangen können, so kann der analytische Geist das Bewusstsein nicht zu fassen bekommen. So wie wir die Stimme aus dem Radio nicht finden, wenn wir das Radio auseinander bauen, so finden wir Bewusstsein nicht mit dem analytischen Geist. Aber sobald wir den Stecker einstecken und das Radio einschalten, hören wir die Stimme. Erst wenn jede Form von trennendem Denken aufgehoben wird, manifestiert sich das Universalbewusstsein. Selbstlos, rein, unergründlich, losgelöst. Wir selbst sind der Stecker des Bewusstseins.

Es gibt keine tote Materie, keine Trennung zwischen Geist und Materie. Alles wird auf unergründliche Weise von Universalbewusstsein durchdrungen. Subtiler als das Subtilste. Es ist in uns drin und um uns herum. Es ist überall. Es ist DAS, was wir sind. So wie der Moschushirsch den gesamten Wald nach dem betörenden Duft absucht, den er selbst verströmt, so suchen wir unwissend nach dem, was wir selbst sind: Ozean des Universalbewusstseins.

Eine Meeresschildkröte traf während eines Spaziergangs einen Frosch, der in einem Teich auf dem Blatt einer Wasserlilie saß. »Wer bist du?«, fragte der Frosch und rollte mit den Augen. »Ich bin eine Meeresschildkröte«. »Eine Meeresschildkröte?« »Hm«. »Und wo wohnst du?«, fragte der Frosch. »Ich wohne im Meer.« »Im Meer?« »Hm«. »Was ist das?« »Ein riesig großer Teich«, sagte die Meeresschildkröte. »Größer als meiner?«, fragte der Frosch. »Oh, überhaupt nicht vergleichbar. Unermesslich groß!«, sagte die Meeresschildkröte. »Unermesslich groß? Vielleicht zweimal so groß wie mein Teich?« Die Meeresschildkröte schüttelte den Kopf. »Dreimal so groß vielleicht?«, fragte der Frosch. »Unendlich groß!«, erwiderte die Meeresschildkröte. »Unendlich groß? Das gibt's nicht«, sagte der Frosch. »Es ist aber so. Komm mit mir, ich zeige es dir«. »Nein, das glaube ich nicht«, sagte der Frosch. »Ich bleibe lieber hier in meinem Teich.«

III

Die Kunst des Loslassens

Spontan handeln

Bemühe dich um die Tat, doch niemals um
Erfolg der Tat!
Nie sei Erfolg dir Grund des Tuns, – doch meid'
auch Tatenlosigkeit!
In Andacht fest, tu deine Tat! Doch häng' an
nichts, du Siegreicher!
Bhagavadgita, II, 47

Einer der größten Irrtümer des Menschen besteht darin, dass er glaubt, ein selbstständig handelndes Individuum zu sein, das Entscheidungen trifft und dem die Früchte »seiner« Handlungen zustehen. Bei einem gewissen Maß an Selbsterforschung stellt sich schon bald heraus, dass im Körper keineswegs so etwas wie ein selbstständiges Ich oder ein unveränderlicher Jemand wohnt, der sozusagen durch die Augen schaut, durch die Ohren hört, durch die Nase riecht, durch die Zunge schmeckt und durch die Hände fühlt. Die viel gepriesene Individualität ist nur ein Name und eine Form. Sie funktioniert auf der Grundlage vollkommener Abhängigkeit: die wichtigsten Funktionen wie Schlafen, Atmen, Essen und Verdauen, kurz der gesamte Lebensprozess, erfolgt spontan. Solange wir jedoch glauben, dass wir die »Macher« sind, eignen wir uns die Ergebnisse unseres Handelns an. Dann gibt es kein spontanes Handeln in der Gegenwart, sondern ein Handeln im Hinblick auf dessen Früchte, die wir in Zukunft ernten werden. Die Folge davon ist eine Reaktion, positiv oder negativ. Fast alle Menschen handeln, um ein bestimmtes Ergebnis zu erreichen, um die

Früchte ihrer Arbeit ernten zu können. Aber wer ist der »Macher«, wer der »Denker«? Wie entstehen »seine« Handlungen und woher kommen »seine« Gedanken?

Stell dir vor, du befindest dich mitten in der Natur auf einem Bergpfad und plötzlich kreuzt eine Schlange deinen Weg. Was machst du dann? Versuchst du zu bestimmen, um welche Art von Schlange es sich handelt? Versuchst du herauszufinden, ob es ein Männchen oder ein Weibchen ist, giftig oder ungiftig? Versuchst du die Länge der Schlange einzuschätzen? Nein, deine erste Reaktion wird sein: wegspringen. Die Handlung des Wegspringens erfolgt völlig spontan, unvermittelt. Es gibt kein Begründen oder Abwägen, keine Zukunft oder Gegenwart, keine Distanz zwischen Denker und Gedanken.

Ein anderes Beispiel: Jemand wird von einem Räuber überfallen und mit einem Messer bedroht. Wird er in dem Moment an seine gewaltlosen Ideen denken, sich fragen, welchen Beruf der Räuber ausübt, ob das Messer scharf oder stumpf, von guter oder schlechter Qualität ist? Nein, er wird sofort zur Seite springen, davonlaufen oder sich verteidigen, ohne vorher zu überlegen. Wenn er sich in aufmerksamer Wahrnehmung geübt hat, wird seine Achtsamkeit vielleicht verhindern, dass sein Angreifer unnötig verletzt wird. Aber verteidigen wird sich der Angegriffene auf jeden Fall. Seine Handlung ist spontan, unmittelbar. Es gibt keine Berechnung, es wird nicht an eventuelle künftige Ergebnisse gedacht. Es gibt keinen Jemand, der handelt.

Wenn zwei Menschen wahre Liebe füreinander empfinden und sie das Spiel der Liebe spielen, überlegen sie dann zuerst, wie sie sich lieben sollen, wo ihre

Hand streicheln muss und wie die Lippen küssen müssen? Nein, die Liebe äußert sich spontan in Streicheln und Küssen. Die Liebe entfaltet sich, gibt und empfängt, strömt und schlägt Wellen. Die Grenze zwischen zwei Individuen verwischt und sie werden Teil eines größeren Ganzen. Es wird nichts geplant, vereinbart oder begründet. Fließende Energie offenbart sich in und durch sich selbst. Ein spontanes Handeln, ohne dass es jemanden gibt, der handelt.

Stell dir vor, wir entdecken plötzlich, dass wir nicht das sind, was wir zu sein glaubten, dass unsere jahrhundertealte kulturelle Konditionierung uns etwas vorgetäuscht hat, dass religiöse und gesellschaftliche Systeme uns etwas vorgegaukelt haben, was überhaupt nicht unserer Wahrnehmung entspricht, was nichts zu tun hat mit der nackten Wirklichkeit, die sich uns darstellt. Dass wir plötzlich die bestürzende Entdeckung machen, dass es so etwas wie eine Persönlichkeit, ein Selbst, ein Ich überhaupt nicht gibt. Dass es keinen Jemand gibt, der handelt. Dass auf der Grundlage von Erinnerungen, Gefühlen, Projektionen, Ideen, Erziehungsmustern und religiösen Konzepten gehandelt und reagiert wird, wodurch die Vorstellung eines Ichs aufrechterhalten, ja sogar gefestigt wird. Dass die Marionette glaubt, die Fäden in der Hand zu halten, dass der auf die weiße Leinwand projizierte Schatten versucht, ein eigenes Leben zu führen.

Wer sich traut, sich selbst scharf zu beobachten, entdeckt schon bald, dass seine viel gepriesene Subjektivität nicht so einzigartig ist, auch wenn jeder ihm das glauben machen will. Was einzigartig ist und bleibt, ist der unaufhörliche Strom des Lebens. Eins und unteilbar, von bleibender Dauer, eine einzige Energie, ein einziges Bewusstsein. Alles Seiende ist eine Manifestation dieser Energie, dieses einen Bewusstseins, dieser Ganzheit. Es gibt nur ein einziges Bewusstsein und unzählige Gestaltungen. Dieses eine Bewusstsein ist das, was wir wirklich sind. Es handelt durch alle Gestaltungen hindurch, ohne dass wir selbst etwas dafür tun müssen. Aus diesem einen Bewusstsein, dem Universalbewusstsein heraus, vollzieht sich alles spontan und unmittelbar, hier und jetzt. Und weil es keine Verhaftung mit den Ergebnissen gibt, bleibt das Bewusstsein rein, erhaben, makellos und glückselig. Spontanes Handeln erfolgt niemals auf der Grundlage von Emotionen und Erinnerungen, sondern immer aus der Quelle heraus. Erst wenn man sich dem Leben hingibt, ist spontanes Handeln möglich. Dann gibt es keine Bindung mehr an die Vergangenheit und eine Zukunft existiert nicht.

Die Unmittelbarkeit des spontanen Handelns verhindert, dass die Samenkörner von Aktion und Reaktion aufkeimen können. Die Handlung kommt aus der Leere und kehrt in die Leere zurück. Niemand tat es, alles wurde getan. Wenn die Handlung vorbei ist, dann ist sie vorbei. Sie trägt keine Frucht, denn es gibt niemanden, der handelt.

Wenn wir durchschauen, dass wir niemand sind, dass wir nichts sind, sind wir alles. Wenn wir erkennen, dass nicht wir es sind, die handeln, geben wir uns dem Ganzen hin. Dann brauchen wir uns nicht mehr um die Zukunft zu sorgen und Moralvorstellungen, Gesetze und Dogmen haben für uns ein Ende. Die Ganzheit übernimmt alles, die Liebe tut alles aus Licht, Klarheit, Unverletzbarkeit und natürlichem Mitgefühl heraus. In Bezug auf die Form ist das Leben verletzlich, aber in Bezug auf das unvergängliche Bewusstsein ist es unverwundbar. Sobald die individuelle Bewusstseinswelle in dem gewaltigen Ozean des Universalbewusstseins aufgeht, nimmt alles seinen natürlichen Lauf.

Ein Wahrheitssucher fragte einen alten Meister, der in einer einfachen Hütte in den Bergen wohnte, wann die richtige Zeit und der richtige Ort für die richtige Handlung sein würden und was das Ergebnis davon wäre. Der Meister war gerade dabei, eine Grube für einen Apfelbaum zu graben. Er drückte dem Suchenden den Spaten in die Hand, setzte sich hin, streckte seine Glieder von sich und sagte: »Jetzt ist es die richtige Zeit und der richtige Ort für die richtige Handlung. Komm in fünf Jahren wieder und du wirst das Ergebnis sehen.«

Achtsamkeit

Ich verweile im gegenwärtigen Moment und weiß, es ist der einzige Moment.
Thich Nhat Hanh

Achtsamkeit befreit uns von all dem, was wir nicht sind. Der Geist ist wie ein Labyrinth voller Gänge, die im Kreis verlaufen und die uns die Sicht auf den Ausgang nehmen. Achtsamkeit ist der rote Faden, der uns hilft, den Ausgang zu finden. Wenn wir eine Straße überqueren, über eine schmale Brücke ohne Geländer laufen, ein Tablett mit zerbrechlichen Gläsern in Händen halten, einem Behinderten helfen oder uns einen spannenden Film ansehen, sind wir meist voller Achtsamkeit. Warum versuchen wir nicht, in jedem Moment achtsam zu sein? Bei allem, was wir denken, sagen und tun? Eine solche ständige Achtsamkeit würde eine Menge Probleme verhindern. Wenn wir essen, dann sollten wir uns auf das Essen konzentrieren und nicht schon an den Abwasch oder an die Mahlzeit von morgen denken. Wenn wir sitzen, dann sollten wir sitzen und nicht daran denken, dass wir eigentlich wieder aufstehen müssten. Wenn wir laufen, dann sollten wir laufen und nicht an den gemütlichen Sessel vor dem offenen Kamin denken. Wenn wir aufs Klo gehen, sollten wir aufs Klo gehen und nicht an ein Buch denken, dass wir anschließend lesen werden. Achtsamkeit lenkt den Geist auf diesen einen Moment, hier und jetzt. Und darin verbirgt sich eine enorme Energie.

Wo du auch bist, lass die Achtsamkeit dein Begleiter sein. Bist du in den Bergen, dann nehme die Berge wahr. Bist du am Meer, dann nehme das Meer wahr. Wenn du durch eine belebte Geschäftsstraße gehst, dann nehme wahr, was dort zu sehen ist. Sieh, dass zwischen den jungen und gesunden Menschen jemand läuft, der sich vor Schmerzen krümmt, sieh, dass dort ein Blinder mit einem Stock vorbeischlurft, dass ein alter gebrechlicher Mensch dich für einen Moment anschaut, dass ein verwahrloster Obdachloser vorbeigeht, dass ein Drogenabhängiger mit leerem Blick vor sich hin starrt, dass ein Bettler seine Hand aufhält. Sieh nicht nur den jungen verspielten, sondern auch den alten, sich mühsam vorwärts schleppenden Hund. Bleib einmal mitten auf der Straße stehen und schaue dir alles wie in einem Film genau an.

Wenn wir mit vollständiger Achtsamkeit wahrnehmen, werden wir uns dem flüchtigen Charakter aller Gestaltungen bewusst. Alles ist und ist zugleich nicht. Ein wirbelnder Tanz ohne Tänzer. Achtsamkeit lässt Verwunderung entstehen. Bewege dich einmal langsam gegen einen Strom von Menschen, der zum Zug eilt und führe diese Bewegung voller Achtsamkeit aus. Achte auf jedes einzelne Gesicht. Ohne zu urteilen! Nur schauen und erfahren, welche Gefühle dabei in dir geweckt werden. Wer bewegt was? Was bewegt wie? Bewegt sich etwas?

Achtsamkeit erfordert einen konzentrierten Geist und verhindert, dass die Gedanken sich wie Affen an den Zweigen des Geistes entlang hangeln. Achtsamkeit lässt uns die Wirklichkeit so wahrnehmen, wie sie ist und nicht so, wie wir sie gern hätten. Illusionen verzerren die Wirklichkeit. Illusionen sind wie Vexierspiegel im Irrgarten des Geistes.

Meist erkennen wir nicht einmal, was sich um uns herum abspielt. Wir nehmen die uns umgebende Dekoration nicht wirklich wahr. Wenn jemand uns auf dem Marktplatz fragen würde, was wir die letzten fünf Minuten wahrgenommen hätten, würden wir staunen, wie wenig wir ihm erzählen könnten. Was wissen wir noch von gestern? Was von vergangener Woche? Welche Menschen haben wir getroffen? Welchen Film haben wir im Fernsehen gesehen?

Versuche einmal, alles, was sich an Gedanken, Gefühlen und Erinnerungen in dir abspielt, voller Achtsamkeit wahrzunehmen. Verfolge dabei Schritt für Schritt alle Prozesse, die sich in Körper und Geist vollziehen. Bleib plötzlich stehen und nehme wahr, was in dir und um dich herum vor sich geht.

Wenn wir achtsam leben, werden wir erkennen, wie Muster und Energien funktionieren. Wir sind ein Teil des Ganzen und was uns »zufälligerweise« passiert, ist nichts anderes als das Zusammentreffen von Energiefeldern, die sich gegenseitig anziehen und abstoßen.

Wenn wir mit Achtsamkeit ein- und ausatmen, werden wir schon bald entdecken, dass es kein Ego gibt, dass »niemand« in unserem Körper hockt, dass es keinen festen Kern gibt, der uns lenkt. Verfolgen wir die Prozesse, die sich in Körper und Geist vollziehen, erfahren wir, dass man nicht von »meinem« Körper oder von »meinem« Geist reden kann. Es gibt nur Bewusstsein, dass sich in unterschiedlichen Gestaltungen mit unzähligen Namen offenbart. Wenn »mein« Geist sich nicht mit dem Körper identifiziert, kann der unergründliche und grundlose Bewusstseinsozean von Ruhe und Bewegung sich voll und ganz in mir offenbaren. Das Ich ist eine illusorische Schwingtür, die sich abwechselnd öffnet und schließt, sobald ich meine Achtsamkeit verliere und vergesse, was ich wirklich bin.

Zwischen jedem Ein- und Ausatmen befindet sich ein winziger Augenblick der Stille, ebenso zwischen jedem Wort, das gesprochen wird. Wenn wir unsere Achtsamkeit auf diese Stille lenken, kann der Geist darin versinken, eintauchen in die Leere, die das Wesen alles Seienden ist. Dann werden wir aus eigener Erfahrung heraus wissen, dass alle Erscheinungen ohne feste Substanz sind, vergänglich, voll und leer zugleich, Teil eines endlosen Prozesses der Veränderung, aus dem Ozean des Bewusstseins emporsteigend.

Je mehr sich die Achtsamkeit konzentriert, umso stärker ist die Erkenntnis, dass es keinen Jemand gibt, der erkennt, sieht, hört, schmeckt, riecht oder fühlt. In dieser Achtsamkeit erblüht das gesamte Sein, das den alles erfüllenden Duft der Liebe verströmt.

Ein Philosophieprofessor bat einen Zenmeister ihm in wenigen Worten das Wesen des Zen zu vermitteln. Der Zenmeister lächelte und schrieb mit großen Buchstaben nur ein einziges Wort auf ein Blatt Reispapier: ACHTSAMKEIT! »Und weiter?«, fragte der Professor. Erneut schrieb der Zenmeister in großen Lettern ACHTSAMKEIT! auf das Reispapier. »Ist das alles?«, fragte der Professor. »Nein!«, erwiderte der Zenmeister und schrieb noch einmal über die ganze Fläche des Blattes das Wort ACHTSAMKEIT! auf.

Mitgefühl

Wenn Sie für alle empfindenden Wesen, insbesondere für die, die Ihnen feindlich gegenübertreten, Liebe und Mitgefühl aufbringen, so handelt es sich um wahre Liebe und wahres Mitgefühl. Hingegen ist die Art von Liebe oder Mitgefühl, die Sie Ihren Freunden, Ihrer Frau, Ihrem Mann oder Ihren Kindern gegenüber an den Tag legen, letztlich keine wahre Güte, sondern Anhaftung. Diese Art von Liebe kann nicht grenzenlos sein.
Dalai Lama

Mitgefühl ist ein Wort, das viele Leute nicht mehr kennen. Mitleid wohl. Dennoch gibt es einen großen Unterschied zwischen den beiden Wörtern. Mitleid entspringt dem Anhaften und beschränkt sich auf Menschen, zu denen wir eine Beziehung unterhalten oder denen unsere Sympathie gilt, und auf andere Lebewesen, zu denen wir uns hingezogen fühlen. Mitleid hält die Dualität aufrecht und hat das Ich als Basis, wie subtil das auch angelegt sein mag. Durch Mitleid können wir uns über jemanden stellen, anstatt ihm zur Seite zu stehen.

Mitgefühl dagegen ist universell und bezieht sich auf alle Lebewesen. Mitgefühl entbehrt jeder Form von Selbstsucht. Es ist die Frucht der inneren Transformation. Es sprudelt aus der Quelle des Seins hervor. Mitgefühl entsteht, wenn wir durch die richtige Wahrnehmung der Wirklichkeit Einsicht gewinnen in die Veränderlichkeit und Vergänglichkeit von allem, was

Name und Gestalt hat, und erkennen, dass das Verlangen und das Anhaften an Name und Gestalt die Ursache für Kummer und Leid sind, die das Rad von Geburt, Alter, Krankheit, Tod und Wiedergeburt in Bewegung halten.

Alle Lebewesen verlangen nach Leben und Glück, oft auf Kosten eines anderen. Mitgefühl und Liebe hängen weder am Leben noch am Nicht-Leben. Sie übersteigen Geburt und Tod und führen uns zur unergründlichen Quelle des Seins.

Mitgefühl strömt wie eine nie versiegende Quelle zu allen Lebewesen, die leiden. Es ist wie eine Lotusblume, die einem Herzen voller Liebe entsprießt und mit ihren unzähligen Blütenblättern Schmerz und Kummer lindert. Es ist wie eine süße Rose, die, den Dornen entwachsen, nach allen Seiten hin ihren Duft der Liebe verbreitet. Wie eine Lilie, die ihren blütenweißen Kelch der Zuneigung zeigt. Ein heilender Balsam, der immerwährend Trost und Erkenntnis spendet.

Wer den Mantel des Mitgefühls trägt, hat sich von den Begierden befreit, kann nicht mehr hassen und liebt sogar seinen Feind. Das kostet keine Mühe, denn es ist das natürliche Ergebnis des Aufsprudelns der Quelle des Mitgefühls in ihm selbst.

Ein Mensch des Mitgefühls lässt das billige Vergnügen der Welt hinter sich, ist immer erfüllt von Milde, lebt ohne zu urteilen und zeigt der Welt und allen Lebewesen in stiller Achtsamkeit sein Lächeln.

Ein Mensch des Mitgefühls weiß, dass die Tränen, die im Laufe der Jahrhunderte vergossen wurden, mehr Tropfen enthalten als das Wasser der vier Weltmeere. Er gibt sich nicht länger den Halluzinationen kurzlebiger Genüsse und Vergnügungen hin, denn er hat erkannt, dass die Ichsucht ihn nur von der wahren Freude des Seins entfernt. Er hat die Lektionen von Kummer und Schmerz verstanden. Losgelöst vom Kummer und von der Freude dieser Welt hat er seine zeitlose Freude gefunden.

Mitgefühl ist weder an religiöse, politische oder gesellschaftliche Auffassungen noch an Übungen oder Rituale gebunden. So wie eine Blume spontan aufblüht und ihren Duft verbreitet, so offenbart sich das Mitgefühl von selbst, sobald die Erkenntnis erwacht, dass alle Lebewesen miteinander verbunden sind, dass sie alle nach Glück verlangen und dass das Leben eins ist. Ob jemand nun an Gott, an Reinkarnation oder Wiedergeburt, an ein Leben nach dem Tod, an einen Himmel oder eine Hölle glaubt oder nicht, ist für das Entstehen von Mitgefühl unerheblich. Einzig die Erkenntnis, dass das Leid durch Selbstsucht entsteht, dadurch, dass man verlangt, anhaftet, Besitz ergreifen und sich etwas aneignen will, reicht aus, um den Samen des Mitgefühls aufkeimen zu lassen. Mitgefühl ist keine Tugend, es ist eine Qualität unseres natürlichen Seinszustandes.

Ein von Mitgefühl erfüllter Mensch hat den Jahrmarkt des Lebens für immer hinter sich gelassen. Für ihn ist das Leben der Begierde und des Anhaftens eine prunkvolle goldene Kutsche. Er betrachtet sie aus der Entfernung, sieht, wie die unwissenden Menschen voll Begeisterung einsteigen, lässt die Kutsche aber an sich vorbeifahren. Er weiß, dass der Kummer und die Freude dieser Welt aus ein und demselben Zauberhut der Illusionen hervorkommen und hat die wahre Freude des Seins zurückgewonnen. Dem schallenden

Gelächter der Welt zeigt er sein mildes Lächeln. Brutalität und Härte begegnet er mit Sanftmut und Milde. Der Torheit setzt er seine Weisheit gegenüber. Aus einer natürlichen Schlichtheit heraus lässt er die komplizierte Welt der Ichsucht hinter sich. Er ist in der Welt, aber nicht mehr von der Welt. Die Welt streitet vielleicht mit ihm, aber er streitet nicht mehr mit ihr. Wenn andere sprechen, schweigt er. Wenn andere schweigen, spricht er. Seine Sanftmut, Zärtlichkeit und Milde sind nicht Zeichen von Schwäche, sondern von Kraft.

Ein Mensch des Mitgefühls erzeugt keine Illusionen mehr. Er baut sich keinen Spiegelpalast, der die Vergänglichkeit tausendfach widerspiegelt. Er hat das Leben durchschaut und dadurch ist in seinem Herzen ein stilles Glück geboren, ein sanfter Frieden des Geistes. Das Feuer der Begierde ist ausgelöscht worden. So wie ein Baum nach dem Sturm sein Gleichgewicht zwischen Himmel und Erde wieder findet, so findet ein Mensch des Mitgefühls den Stillepunkt in sich selbst wieder, nachdem sich der Sturm von Unruhe und Unfrieden in ihm gelegt hat. Sein Geist ist so rein und klar wie der wolkenlose Himmel nach einem Gewitter. Kein Wölkchen trübt die Sicht auf die Wahrheit. Tiefer Frieden und absolute Ruhe.

Am Ufer eines Flusses saß ein Yogi und schaute sich den Sonnenuntergang an. Ein Skorpion krabbelte auf ihn zu und sagte: »Wie gern möchte ich ans andere Ufer gelangen! Aber wer könnte mich dahin bringen?« Ohne zu zögern nahm der Yogi den Skorpion und watete mit ihm durch den Fluss.

Auf halbem Wege fühlte er einen stechenden Schmerz in seiner Hand. »Warum bist du so töricht, mich in deinen Händen ans andere Ufer zu tragen?«, fragte der Skorpion. »Du weißt doch, dass es in meiner Natur liegt, zu stechen?« »Gewiss«, sagte der Yogi, »aber es liegt in meiner Natur, mitfühlend und hilfsbereit zu sein.« Und während das Gift seine Glieder allmählich erstarren ließ und er den Tod kommen fühlte, gelang es ihm gerade noch, den Skorpion am anderen Ufer abzusetzen.

Loslassen können

Die Seele antwortete und sprach:
»Was mich festhielt, ist getötet worden, was mich umwendete, ist überwunden worden. Meiner Begierde wurde ein Ende gemacht, und die Unwissenheit ist gestorben. In der Welt wurde ich erlöst aus der Welt, und in einer Gestalt wurde ich erlöst durch eine höhere Gestalt. Ich wurde erlöst aus der Fessel der Unfähigkeit zur Erkenntnis, deren Bestehen zeitlich begrenzt ist. Von jetzt an werde ich Ruhe erlangen ... ich werde Ruhe im Schweigen erlangen.«
Evangelium nach Maria

Wer die Veränderlichkeit der Erscheinungen, ihre flüchtige Anwesenheit, ihr Entstehen und Vergehen nicht ausreichend durchschaut hat, wird immer wieder von neuem versuchen, die Gestaltungen des Lebens festzuhalten. Dieses Festhaltenwollen ist der Keim allen Leidens. Denn das Festhaltenwollen von etwas, das nicht festgehalten werden kann, verursacht Leid. Wenn das, was von Natur aus flüchtig und vergänglich ist, irgendwann entschwindet, wird der Schmerz um den Verlust umso größer sein. Das Leben selbst zwingt uns immer wieder zum Loslassen.

Schöpfe eine Hand voll Wasser aus einem Fluss und du wirst merken, dass sich das Wasser nicht festhalten lässt. Versuche tausend Sandkörner in der geschlossenen Faust festzuhalten und sie werden zwischen den Fingern zerrinnen. Das Leben ist ein Fluss, fließende

Energie. Die Gestaltung ist vorübergehend, vergänglich. Die Energie, die alle Gestaltungen durchdringt, ist Universalbewusstsein. Dieses Bewusstsein kennt weder Anfang noch Ende, haftet nicht an, ist ohne Leid, reine Freude.

Erst wenn unser Verlangen, etwas oder jemanden festhalten zu wollen, stirbt, und auch die Idee des Loslassens erlischt, werden die Hände sich entspannen. Die geschlossene Faust wird sich öffnen zu einer leeren Hand, in der Tausende von Sandkörnern mühelos eine Zeit lang verweilen werden. Loslassen bedeutet, dass wir nicht mehr danach streben, das Leben zu be-greifen. Das Leben kennt weder Vorlieben noch Abneigungen. Der Mensch der Erkenntnis weiß, dass er fließendes Wasser nicht festhalten kann. Alles fließt, strömt, bewegt sich. Sogar das, was dem Anschein nach eine feste Form hat, ist auf einer tieferen Ebene Teil des großen Lebensflusses. Nichts im Leben kann für immer festgehalten werden.

Wer leben kann, ohne jemanden oder etwas festhalten zu wollen, wird sofort Teil der immensen Energie, des Universalbewusstseins, der Liebe. Wenn der Griff, mit dem wir das Leben umklammern, gelockert wird, lässt das Leben uns los. Dann herrscht Freiheit.

So wie ein Magnet gemäß dem Gesetz der Natur Eisenspäne anzieht und dadurch bald selbst nicht mehr sichtbar ist, so wird ein Mensch, der an jemandem oder an etwas hängt, Situationen anziehen, die sein wahres Wesen schon bald unsichtbar machen. Wer es schafft, im Leben an keiner einzigen Gestaltung mehr zu hängen, der hat den wichtigsten Schritt zur bedingungslosen Freiheit, zur wirklichen Unabhängigkeit und zur wahren Liebe getan. Das Leben wird einen Menschen, der nicht mehr anhaftet, mit Liebe überspülen – unpersönlich, bedingungslos, überall fließend, immer vorhanden. Es besteht Respekt vor der Gestaltung, aber kein Anhaften. Weil das Anhaften fehlt, gibt es auch kein Verlangen mehr. Weil es kein Verlangen mehr gibt, besteht keine Erwartung mehr. Weil keine Erwartung mehr besteht, kann die Liebe bedingungslos fließen.

Loslassen ist sterben. Ein Sterben, das tausendmal einschneidender ist als der körperliche Tod. Loslassen bedeutet, das sterbende Leben, das in jeder Sekunde wiedergeboren wird, seinen Weg gehen zu lassen, in uns selbst und außerhalb unser selbst. Die Wirklichkeit, wie wir sie wahrnehmen, ist ein immenser Zauberspiegel, der uns manchmal weinen und manchmal lachen lässt. Alles, was wir in diesem Spiegel sehen, ist miteinander verbunden. Es entsteht und vergeht darin. Welche Bilder auch im Spiegel erscheinen, der Spiegel selbst wird davon nicht berührt, er lacht oder weint nicht mit uns mit.

Wenn wir den Gedanken an ein Selbst, ein Ich, eine Seele ersterben lassen, wird der größte Wahn in uns selbst losgelassen. Ein Wahn, der wie ein gewaltiger Fels im Strom des Lebens liegt. Der Strom umspült ihn und höhlt ihn ganz langsam, aber stetig aus. Erst wenn der Fels des Egos kleiner und kleiner wird und schließlich nach vielen bitteren Erfahrungen als zähe Illusion erkannt wird, gibt es nur noch Wasser. Das verborgene Verlangen, sich selbst als ewiger Fels im strömenden Fluss des Lebens erhalten zu wollen, ist aufgedeckt worden. Ist dieser Punkt einmal erreicht, werden auch alle anderen Illusionen vom Fluss des Lebens weggespült. Ein Fluss im Fluss, ein Fließen mit dem Fluss, Bewegung in Bewegung und zugleich Ruhe und Frieden, Erhabenheit und Klarheit.

Je tiefer unser Einblick in die Welt der Erscheinungen wird, umso besser lernen wir das Loslassen. Alles was uns festhält, in uns und um uns herum, wird von dieser Erkenntnis entbunden, »getötet«. Wir sterben daran, noch ehe wir selbst gestorben sind. Eines Tages werden wir sogar merken, dass nicht wir es sind, die loslassen, sondern dass die Verhaftungen, Illusionen und falschen Meinungen still von uns abfallen, wie an einem stillen Herbsttag die bunten Blätter von den Zweigen der Bäume. Dann werden wir erfüllt von einem inneren Frieden, von einer Ruhe, in der jegliche Zeit ausgelöscht wurde, von einer Stille, aus der kein Wort mehr hervorgeht.

Eines Tages wollte ein Mönch den Buddha ehren. In jeder Hand trug er eine wunderschöne Schale mit weißen Lotosblüten in kristallklarem Wasser. Voller Ehrfurcht und Andacht näherte er sich dem Buddha. Plötzlich sagte der Buddha: »Lass los!« Verwundert schaute der Mönch den Buddha an. Das konnte doch nicht wahr sein! Diese herrlichen Schalen mit den Lotosblüten fallen lassen? Da er dem Buddha jedoch gehorchen wollte, ließ er eine Schale fallen und ging weiter. »Lass los!«, erklang es erneut. Der Mönch zögerte wieder einen Moment, ließ dann aber folgsam die zweite Schale fallen und ging mit leeren Händen auf den Buddha zu. Zur seinem großen Erstaunen sagte der Buddha zum dritten Mal: »Lass los!« Stock-

steif bliebt der Mönch stehen. Das verstand er nicht. Er hatte doch die Anweisungen des Buddha genau befolgt und beide Schalen fallen lassen? Der Buddha, der alle Herzen ergründet, sah dass der Mönch seine dritte Bitte nicht verstand und sagte in freundlichem Ton: »Mönch, lass den Gedanken an das Loslassen der Schalen los! Erwache an der eigenen Buddha-Natur!« In dem Moment setzte beim Mönch die erleuchtende Erkenntnis ein.

Stille

Es gab weder Einen noch viele, einzig und allein Das – eigenschaftslos, beziehungslos, lauter, unbeschreiblich, undenkbar, uneingeschränkt und doch im höchsten und einzigartigsten Sinne real. Dies war keine mentale Vorstellung noch das flüchtige Erhaschen eines Schimmers von etwas Höherem, keine Abstraktion – es war positiv, die einzig positive Realität –, wenngleich es keine räumlich physische Welt war, sondern diesen Anschein einer physischen Welt durchdrang und einnahm oder eher durchflutete und überschwemmte, ohne Platz oder Raum für eine andere Realität als die seine zu lassen, nichts anderem zuzugestehen, auch nur real, positiv oder substantiell zu erscheinen... Was diese Erfahrung mit sich brachte, war ein unsäglicher Frieden, eine formidable Stille, eine Unendlichkeit des Entbundenseins und der Freiheit.

Sri Aurobindo

Lärm, Krach, Alarm, Stress, Zivilisationskrankheiten – Schlüsselwörter einer überdrehten Gesellschaft, der das Gleichgewicht zwischen Stille und Geräusch, Ruhe und Bewegung, Schweigen und Sprechen abhanden gekommen ist.

Unser ursprüngliches Wesen wird von der Stille bestimmt, sogar in Zeiten größter Unruhe und höllischen Lärms.

Aus der Stille heraus kamen wir auf die Erde und in

der Stille verlassen wir sie wieder. Wir kommen und gehen. Was bleibt, ist die alles umfassende liebevolle Stille, die immer wieder neue Formen erzeugt.

Wenn wir lernen, uns selbst und unsere Umgebung aufmerksam wahrzunehmen, kann der überdrehte Geist zur Ruhe kommen. Dann kommt die sich endlos drehende Mühle von Informationen, Nachrichten, Propaganda, Werbung und immer tolleren Sensationen zum Stillstand. Eine Kultur, die von einem Überfluss an Informationen, Bewegung, Bildern und Tönen bestimmt wird, und die Kraft der Ruhe, des Bildlosen und der Stille nicht mehr kennt, gerät ins Treiben.

Solange wir im Stress sind und uns an unsere Taten und deren Ergebnisse klammern, kann die Stille uns nicht erfüllen. Erst wenn in uns Leere ist, ein Freiraum, ein Vakuum, kann sich die unergründliche Stille des Lebens offenbaren. Wenn *wir* sprechen, schweigt *sie*. Wenn *wir* handeln, handelt *sie* nicht. Wenn *wir* bewegen, bewegt *sie* sich nicht. Solange *wir* es sind, die alle Angelegenheiten in die Hand nehmen wollen, werden Erschöpfung, Stress und Krankheiten unsere Begleiter sein.

Die Stille trägt uns mühelos. Sie ist unser Fundament. So wie ein Zug uns und unser abgestelltes Gepäck trägt, so trägt die Stille uns und das ganze Gepäck unseres Lebens. Wenn wir aus der Stille heraus leben, wenn wir erkannt haben, dass wir Klang gewordene Stille sind, brauchen wir selbst nichts mehr zu tragen.

Eine Gesellschaft, in der die Sinne der Menschen Tag und Nacht von einem Überfluss an Tönen, Farben und Bildern gereizt werden, wird zu einer Kultur des Lärms. Die stillen Stimmen der Natur werden nicht mehr wahrgenommen. Die sprechende Stille des Herzens wird zum Schweigen gebracht und der Genuss der reinen Schönheit in Form von erhabener Musik, schöngeistiger Poesie und Malerei, graziösem Tanz und formvollendeten Bildhauerwerken wird nahezu unmöglich gemacht. Eine Kultur des Lärms ist wie ein entwurzelter Baum, der noch für kurze Zeit weiterlebt, bis alle Lebenssäfte aufgebraucht sind und der dann stirbt. Eine solche Zivilisation ist dazu verdammt, sich selbst zu vernichten. Erst wenn die Krachmaschine unseres ichbezogenen Handelns explodiert, kann sich in uns wieder unermessliche Stille ausbreiten.

Stille erlangt der Mensch nicht durch einen Überfluss an Worten, sondern durch die Stille im Wort. Das Bildlose wird nicht durch einen Überfluss an Bildern belebt, sondern durch die Erhabenheit und Stille in einem einzigen Bild. Ruhe und Stille stellen sich nicht ein, indem zahllose Begierden geweckt, sondern indem diese Begierden Schritt für Schritt aufgegeben werden. Ein Pantomime kann mit einer Bewegung voller Stille mehr ausdrücken als ein Berufsredner mit tausend Worten, die ihre Wurzeln nicht in der Stille haben.

Zahllose Menschen sehnen sich nach Stille, sind auf der Suche nach der Stille. Aber Stille kann man nicht suchen oder anhand einer bestimmten Methode erzeugen. Stille erlangt man nicht durch Ferien, Fernreisen, Abgeschiedenheit in der Natur oder völlige Geräuschlosigkeit. Die Stille stellt sich ein, wenn der Geist zur Ruhe kommt, wenn alle Begierden aufgegeben wurden, wenn alles Suchen und alles Fragen beendet wurde. Stille findet man nicht in den östlichen Religionen oder in Meditationsräumen, sondern im Tempel des eigenen Herzens, im eigenen Geist. Um die Stille entdecken zu können, brauchen wir keine weite Reise zu unternehmen, wir müssen nur die Reise vom Kopf zum Herzen, vom Denken zum Fühlen, vom Ich zum Wir machen. Ein Mensch, dessen Geist ruhig ist, kann überall wohnen, in den Bergen oder im Flachland, in der Stadt oder im Dorf. Das eine ist nicht besser, das andere nicht schlechter.

Die Stille ist immer vorhanden. Manchmal überrumpelt uns die Stille. Beim Anblick einer wundervollen Landschaft in der flimmernden Sommerhitze zum Beispiel, aber auch inmitten der lärmenden Geschäftigkeit der Großstadt. Stille kann nicht aufgerufen, erzwungen oder forciert werden. Stille können wir auch nicht erbitten. Stille ist immer da, so wie die Luft, die wir einatmen, immer da ist. Es ist die Unergründlichkeit des Seins, die quellenlose Quelle, aus der alle Dinge immer wieder unermesslich hervorsprudeln, entstehen und vergehen. Es ist der Zustand, der kein Zustand ist, der vor dem schöpferischen Wort ist. Wenn es in uns still wird, breitet sich die Stille in uns aus, erfüllt unser Wesen. Stille entsteht nicht durch das Schließen des Mundes, sondern durch das Öffnen des Herzens.

Stille kennt zahllose Variationen, ebenso wie das harmonische Geräusch, das in der Stille wurzelt. Es gibt die Stille der Zuneigung, der Sympathie, der Liebe und des Liebesspiels, der Kreativität, der Begegnung, der Verneinung, des Todes, der Furcht, der Freude. Die Stille ist im Lachen eines Kindes.

Gesicht und Augen drücken oft mehr aus, als Worte es vermögen. Die Zunge kann Worte sprechen, die süß sind wie Honig oder scharf wie ein Schwert und tiefe Wunden hinterlassen. Liebevolle Stille kann die durch unvernünftige Worte entstandenen Wunden heilen.

Der Rabbi Eliazer hatte die vollkommene Stille erfahren. Seitdem wollte er nicht mehr sprechen. Dennoch konnte man ihn dazu überreden, in der Synagoge über seine unergründliche Erfahrung zu sprechen. Als er am Rednerpult stand, fragte er die Menschen: »Wisst ihr es?«, worauf alle offen entgegneten: »Nein! Wir wissen es nicht!« »Aber wie könnte ich euch denn etwas erzählen, wenn ihr es nicht wisst«, sagte der Rabbi und verließ die Synagoge. Trotzdem konnte man ihn abermals dazu überreden, über seine Erfahrung zu sprechen und erneut wiederholte er seine Frage: »Wisst ihr es?« Diesmal riefen alle: »Ja, wir wissen es!« »Schön«, sagte der Rabbi, »dann brauche ich es euch ja nicht mehr zu erzählen«, und ging wieder. Als man ihn zum dritten Mal überredet hatte, in der Synagoge zu sprechen, stellte er dieselbe Frage: »Wisst ihr es?« Da sie aus den Erfahrungen der letzten beiden Male gelernt hatten, antworteten die Gläubigen: »Die eine Hälfte weiß es, die andere Hälfte nicht«, worauf der Rabbi sofort antwortete: »Dann sollen die, die es wissen, es denjenigen, die es nicht wissen, erzählen«, und ging.

Vollkommenheit

Volle Fülle im Einen – volle Fülle im Vielen.
Aus der Fülle des Einen strömt die Fülle des Vielen.
Von der Fülle wurde die Fülle genommen –
und doch bleibt die Fülle erfüllt.
Frieden Frieden Frieden.
Isha-Upanishad, Anrufung

Wie können wir Vollkommenheit erlangen? Indem wir jeden Tag tausendmal die Namen Gottes anrufen oder heilige Texte aufsagen? Oder indem wir einen einzigen Text, der uns berührt, anwenden und ansonsten über Gott schweigen? Eigentlich brauchen wir überhaupt nicht vollkommen zu werden, denn vom Wesen her sind wir das ja schon. Wir müssen das nur für uns selbst erkennen und daran erwachen.

So wie ein Kranker nicht gesund werden kann, wenn er tagaus, tagein nur Rezepte liest, so wird Vollkommenheit sich nicht durch das Herunterbeten von heiligen Texten oder das Verrichten von Zeremonien und Ritualen offenbaren. Du kannst jemandem die herrlichste Süßigkeit des Seins anbieten, aber wenn sein Mund voll von bitterem Kraut ist, wird er die Süße nicht schmecken können, solange er dieses bittere Kraut nicht ausgespuckt hat. Das bittere Kraut ist das trennende, dualistische Denken, der urteilende und analysierende Verstand. Wurde dies einmal »ausgespuckt«, erscheinen uns die Dinge in ihrer Vollkommenheit und sind im Gleichgewicht, in Harmonie miteinander.

Die Spezialisten von heute wissen immer mehr über immer weniger Dinge. Sie haben das Ganze, die Gesamtheit aus den Augen verloren und sind mit tausend Stückchen Wissen in der Hand auf der Suche danach.

Das Ganze ist vollkommen. Auch wenn wir an den Erscheinungen, die aus der Quelle des Universums hervorgegangen sind, Kritik üben oder Anmerkungen dazu haben, die Vollkommenheit berührt dies nicht. Alle lebenden Wesen leben in der Vollkommenheit des Seins, ohne Ausnahme. Stofflich gesehen, kann der Mensch enorm viel vernichten, aber die Quelle des Lebens wird aus ihrer unergründlichen und grundlosen Weisheit heraus immer wieder ähnliche oder andere Lebensformen hervorbringen. Alle Erscheinungen sind wie leere Bilder in einem Spiegel, ein magischer Tanz von aufflackernden und erlöschenden Feuerfunken. Aber das Universalbewusstsein lässt sich nicht auslöschen. Es ist subtiler als die subtilste Lebensform. Kein Schwert kann es in der Mitte durchtrennen. Vollkommen bleibt vollkommen.

Auch wenn die Welt zu bestimmten Zeiten chaotisch aussieht, im Chaos ruht der Kosmos. Die Gesetze von Ursache und Folge halten Ordnung und Unordnung im Gleichgewicht. Im Kosmos herrscht Chaos, im Chaos ist der Kosmos enthalten. Wer dies mit zeitlich bedingten Augen betrachtet, sieht nur die Welt der Erscheinungen. Hängt die Vollkommenheit des Meeres etwa von der Beschaffenheit der Wellen ab? Ist das Meer vollkommener, wenn die Wellen wild sind oder wenn die Wasseroberfläche glatt ist? Vollkommen ist vollkommen.

Auch wenn es oft den Anschein hat, als sei das

Gleichgewicht der Erde, einer Milchstraße oder eines noch größeren Sternensystems verloren gegangen, alles ruht in Vollkommenheit. Das Universum entsteht und vergeht nach festen Gesetzen, wie ein unermesslich langer Atemzug – einatmen und ausatmen. Alle Lebewesen sind Teil des Universalbewusstseins, das sie vorwärts treibt. Alle Lebewesen haben ihren richtigen Platz im Ganzen inne. Alles, was im Leben passiert, ist ein Ausdruck des Ganzen im Ganzen. Es ist alles in Ordnung, obwohl unser beschränkter Geist diesbezüglich manchmal anderer Meinung ist. Aber aus dem Ganzen heraus betrachtet, ist auch dies in Ordnung.

Alles geht aus der einen Quelle hervor und kehrt dahin zurück. Was wir falsch, nicht korrekt, schrecklich, abscheulich, unvollkommen, unfertig, unvollständig nennen, ist die Manifestation dessen, was sich irgendwann einmal im Geist einiger Menschen abgespielt hat. Das Ganze selbst urteilt darüber nicht. Es bringt innerhalb der Wirklichkeit von Raum und Zeit das, was die Unwissenheit zerstört, immer wieder von neuem ins Gleichgewicht. Vollkommen ist vollkommen. Es gibt nichts, das nicht vom Ganzen, vom Universalbewusstsein, vom All durchdrungen wäre. Die Vergangenheit ist jetzt. Die Gegenwart ist jetzt. Die Zukunft ist jetzt. Nur das Denken trennt die Zeit in Vergangenheit, Gegenwart und Zukunft. Aber aus der Sicht des Seins heraus, ist alles hier und jetzt. Vollkommen ist vollkommen. Keine Philosophie, keine Religion, keine Weisheitslehre ist in der Lage, dieses zeitlose Jetzt, diese Einheit des Seins zu benennen. Wir müssen es selbst untersuchen, erforschen und vor allem realisieren.

Wenn wir der Meinung sind, dass Vollkommenheit in Schönheit, Gleichgewicht, Harmonie, Licht und Güte zum Ausdruck kommt, werden wir sofort auch ihre Schattenseite kennen lernen: Hässlichkeit, Unausgeglichenheit, Disharmonie, Finsternis und Niedertracht. Aber Gegensätze ergänzen sich und werden auf einer höheren Bewusstseinsebene sublimiert. Wahre Vollkommenheit umfasst alle Pole des Seins und bevorzugt weder den einen noch den anderen Pol. Alles ist in Harmonie miteinander, folgt dem großen Strom, dem großen Gesetz des Lebens. Vollkommen ist vollkommen.

Manche Menschen streben in allem, was sie tun nach Vollkommenheit. In ihrer Beziehung, in ihrer Arbeit, in ihrer Kreativität. Sie haben eine fast panische Angst, etwas abzuliefern, was nicht perfekt sein könnte. Fehler wollen sie unbedingt vermeiden. Sie sind auf dem besten Weg, mit sich selbst in Konflikt zu kommen. Vollkommenheit macht Unvollkommenheit vollkommen. Weshalb also Vollkommenheit anstreben? Hinter diesem Streben nach Vollkommenheit verbirgt sich oft Versagensangst. Natürlich müssen wir unsere Arbeit mit Sorgfalt und Präzision erledigen und versuchen, Fehler zu vermeiden. Aber die Angst zu versagen, sollte dafür niemals die Triebfeder sein.

Vollkommen heißt, dass alles, was ist, voll geworden, also erfüllt ist. Vollkommenheit bezieht sich auf die Fülle des Seins, auf die Vereinigung der Gegensätze im grundlosen Sein. Das Streben nach Vollkommenheit ist ein Ausdruck von Dualität, es deutet auf ein angebliches Gefühl von Unvollkommenheit hin. Diese Dualität kann nie durch das Streben selbst aufgehoben werden, sondern allein durch Erkenntnis, durch die

Vereinigung der scheinbaren Gegensätze im Bewusstsein. Wer nach Vollkommenheit strebt, wird sich davon entfernen.

Was ist überhaupt vollkommen? Eine Statue, die den menschlichen Körper naturgetreu wiedergibt? Eine Kathedrale, die nach dem Goldenen Schnitt erbaut wurde? Ein Musikstück, in dem keine einzige Note falsch klingt? Ein Gedicht, das alle klassischen rhetorischen Mittel berücksichtigt? Alles, was wir in Vollkommenheit auszudrücken versuchen, wird irgendwann vom Besen der Zeit hinweggefegt werden. Das ist die Vollkommenheit des Lebens.

Hier und jetzt sind wir vollkommen. Es gibt nichts in uns, das nicht vollkommen wäre. Wir brauchen nichts zu werden, ganz gewiss nicht vollkommen. Ein Baum braucht kein Baum zu werden, ein Fisch kein Fisch und eine Blume keine Blume. Ein Mensch ist ein Mensch, wenn er sich der Quelle des Lebens, der vollkommenen Liebe des Seins hingibt.

Ein Schüler eines Zenklosters wollte seinem alten Meister eine Freude machen und fegte jeden Tag die abgefallenen Blätter einiger Bäume im Innenhof weg. In seinen Augen war der Innenhof dann wieder vollkommen sauber und ordentlich. Der Zenmeister, der den Schüler jeden Tag beim Fegen beobachtet hatte, ging eines Morgens zu dem Schüler hin und sagte: »Nicht schlecht gemacht. Nicht schlecht.« Dann ging er zu einem der Bäume und schüttelte kräftig daran. Zahllose Herbstblätter rieselten herunter. Da sagte er: »So, jetzt ist es vollkommen!«

Leben in der Nicht-Zweiheit

Wenn ihr aus zwei eins macht,
wenn ihr das Innere wie das Äußere macht
und das Äußere wie das Innere
und das Obere wie das Untere
und wenn ihr das Männliche und das Weibliche
zu einem Einzigen macht,
so dass das Männliche nicht mehr männlich
und das Weibliche nicht mehr weiblich ist ...,
dann werdet ihr in das Königreich eingehen.
Das Thomasevangelium, Logion 22

Solange wir auswählen können, existiert die Trennung. Jede Wahl, die wir treffen, verstärkt den entgegengesetzten Pol. Legen wir Wert auf das Gute, erscheint das Böse. Loben wir das Schöne, wird das Hässliche sichtbar. Genießen wir die Stille, schleichen sich Wörter in unseren Geist ein. Wer den Himmel anruft, erhält Antwort von der Erde.

Leben in der Nicht-Zweiheit bedeutet, »wahllos« durchs Leben zu gehen. Wenn wir wahrnehmen können, ohne eine Wahl zu treffen, wird uns die Totalität des Lebens erfüllen. Aber sobald wir die Früchte der Dualität kosten, die Früchte von Gut und Böse, von Freud und Leid, von Mann und Frau, von Himmel und Erde, von Gott und Mensch, von Subjekt und Objekt, von innen und außen, von hoch und niedrig, wird sich der wahre Geist des Seins, obwohl hier und jetzt vorhanden, meilenweit von uns entfernen. Wer jegliche Wahl und jeglichen Gedanken an die Zweiheit, jegliches Urteilen und Unterscheiden hinter sich lässt, betritt das Reich der Nicht-Zweiheit. Jedes Dafür oder Dagegen holt uns aus dem Gleichgewicht. Das Schwert der Zweiheit spaltet das Reich der Einheit.

Unsere ursprüngliche Natur hat weder Vater noch Mutter und kennt weder Geburt noch Tod. Aber wer trifft die Entscheidungen? Wer sagt: »Ich bin es, der diese Wahl getroffen hat«? Solange wir noch in der Ich-Illusion leben, werden wir die Früchte ernten, an denen wir hängen. Bis wir eines Tages einsehen, dass das Ich den Baum der Totalität spaltet und dass daraus der Baum der Dualität von Gut und Böse hervorgeht. Das Reich der Totalität, der Nicht-Zweiheit, kennt keine Wahl, kein dafür oder dagegen. Wer das Ego verliert, wird das Reich zurückgewinnen.

Ist es nicht verwunderlich, dass unser wahrer Geist immer rein ist, frei von jeglicher Dualität? Sobald es uns gelingt, die Wurzel des Ichs, des Schöpfers des trennenden Geistes zu durchtrennen, ist der Baum der Dualität gefällt. Dann erhebt sich der eine und einzige Lebensbaum. Wenn wir das Ich genau untersuchen – den Gedanken, ein Jemand sein zu wollen, die Angst, uns selbst zu verlieren, die Motive, die uns dazu anspornen, uns immer wieder behaupten zu wollen – , erkennen wir, dass dies die ausschlaggebende Spaltpflanze des Lebens ist. Wenn jemand uns das rundheraus sagen würde, wären wir wahrscheinlich schrecklich böse. Sobald wir jedoch »Ich« sagen, gibt es auch ein »Du«, einen Anderen. Eine Zeit lang kann dieses Ich-und-Du-Spiel faszinierend sein, bis sich die Erkenntnis einstellt, dass das Ich der Stachel von allem Schmerz und allem Kummer, von allen Gegensätzen und allem Anhaften ist. Niemals wird das, was auf das

Werden ausgerichtet ist, das Ich, es uns erlauben, im Ozean des Universalbewusstseins unterzutauchen.

An welcher Stelle in unserem Körper »sitzt« eigentlich dieses viel gepriesene Ich, dieses Selbst? Im Herzen? In den Augen? In der Leber? In der Zunge? In der Lunge? Im Gehirn? In den Nieren? Im großen Zeh vielleicht? Oder im kleinen, trennenden Geist, der wie ein unruhig zwitschernder Vogel in den Ästen des Baumes der Dualität hin und her springt? Unser ursprünglicher Geist ist reine Leere und in der Leere kann es keine Zweiheit geben. Wer das eine ablehnt und das andere liebt, befindet sich sofort außerhalb des Reiches. Wahre Neutralität erfordert den inneren Nullpunkt, die reine Achtsamkeit, die schlichte Wahrnehmung dessen, dass alle Erscheinungen vom konditionierten Geist gefärbt werden und dass das vermeintliche Ich sie annimmt oder ablehnt, akzeptiert oder verwirft. Der Blasebalg, der das Feuer anfachen soll, erzeugt zwar eine Menge Luft, ist aber von innen leer. Niemand wird versuchen, den Mond, der sich im Wasser widerspiegelt, mit einem Netz zu fangen, und niemand wird eine Luftspiegelung als Realität ansehen.

Wer ist es, der uns sagt, dass etwas süß oder sauer, scharf oder bitter, schön oder hässlich ist? Wenn wir dies erforschen, werden wir zu dem Schluss kommen, dass es ein wissenloses Wissen gibt, dass alle Erscheinungen eines Selbst ledig sind. Die Inhalte, die wir diesen Erscheinungen aufgrund unserer Erfahrungen und Emotionen geben, sind nur Illusionen, wie schön oder subtil sie auch sein mögen. Was wir in unserem Ungrund sind, das Reich, steht über all diesen Interpretationen. Es kennt weder hoch noch niedrig, weder innen noch außen, weder leer noch voll. Es lässt sich weder durch Studium oder Übung noch durch eine »Verbesserung« des Ichs erreichen. Das Reich ist kein Zustand nach dem Tod, kein ewiger Himmel oder Himmel über dem Himmel. Alle Welten, Himmel und Höllen sind vergänglich. Aber das zeitlose Reich, das sind wir. Deshalb können wir nichts tun, um dahin zu gelangen. Nur durch das Nicht-Tun wird es sich in uns als Universalbewusstsein offenbaren. Hier und jetzt.

Zwischen dem Wahrnehmendem, der Wahrnehmung und dem Wahrgenommenen besteht kein wesentlicher Unterschied. Unterschiede gibt es erst, wenn das Ich aktiv wird. Wenn das Wahrnehmen jedoch rein ist und nicht durch ein Für oder ein Wider verzerrt wird, sind die Dinge so, wie sie sind. Ein Zuckerstückchen, das im Meer schmilzt, macht das Meer nicht süß. So verhält es sich auch mit dem viel gepriesenen Stückchen Ego. Wenn es im Ozean der Wahrheit aufgeht, wird sich darin kein einziges Partikelchen Ego mehr ausfindig machen lassen; nur reines Bewusstsein. So wie ein Regentropfen, der aus den Wolken heraus ins Meer fällt, keine Spuren hinterlässt, so wird das Ich spurlos verschwunden sein, sobald es im Universalbewusstsein aufgegangen ist.

Ein weißer Vogel flog zur Spitze eines schmelzenden Eisbergs, um davon zu trinken. »Lässt du mein Wasser in Ruhe!«, schimpfte der Eisberg. »Du Narr!«, rief das Vögelchen. »Wasser in Wasser in Wasser ...«

Das Leben – ein Traum?

> *... während es für mich nur einen Zustand des Seins gibt, der die drei mentalen Zustände von Wachsein, Träumen und Schlafen einschließt und transzendiert.*
> Nisargadatta

Solange wir in der Illusion des Ich und Du, des Subjekts und Objekts leben, sind wir noch nicht richtig erwacht. Bewusstsein ist eins und unteilbar. Bewusstsein ist alles, was ist. Bewusstsein ist überall und nirgendwo, in Zeit und Raum und außerhalb von Zeit und Raum. Es ist das Einzige, das wirklich ist.

Täglich träumen wir, ein Jemand, eine Persönlichkeit zu sein. Täglich träumen wir, dass wir es sind, die handeln und überall im Mittelpunkt stehen. Wir träumen sogar, dass wir einen spirituellen Weg gehen müssen, damit wir erwachen. Aber so wie wir morgens erst aufwachen, nachdem wir ausgeträumt haben oder ausgeschlafen sind, nachdem der Wecker geklingelt oder jemand uns geweckt hat, so werden wir auch im Leben erst wirklich erwachen, wenn wir den Traum, ein Jemand zu sein, ausgeträumt haben.

Erwachen heißt, dass wir die vom Ich entworfenen Illusionen vollkommen durchschauen und dass sich das Ich auflöst. Solange der Geist von vielfältigen Projizierungen und Mustern konditioniert wird, nehmen wir das Leben nicht so wahr, wie es wirklich ist. Wir befinden uns sozusagen in einem Schlafzustand, auch wenn wir glauben, wach zu sein. Alle Erscheinungen, die das Ich wahrnimmt, entstehen ausschließlich im eigenen Geist. Dadurch weben wir einen Schleier von Ideen, Projektionen und Namen über das Leben und erschaffen uns eine eigene Vorstellung von dem, was Leben ist. Auf diese Weise bleibt der Gegensatz zwischen Wahrnehmendem und Wahrgenommenem bestehen.

Das Ich kreiert tagsüber und nachts eine Wirklichkeit, die wir wachen und schlafen nennen. In dieser Wirklichkeit verschleiert der Traum von dem, was wir zu sein glauben, das, was wir wirklich sind.

Freiheit ist nichts anderes als das Freisein vom Ego. Solange das Ego nach Freiheit strebt, wird es Gebundenheit geben. Unsere ursprüngliche Natur ist immer frei. Wer oder was könnte sie festhalten?

Die Wahrheit ist, dass wir bereits frei sind, hier und jetzt. Die Wahrheit ist, dass wir durch nichts und an nichts gebunden sind. Die Wahrheit ist, dass es nichts zu tun und nichts zu hinterlassen gibt. Aber das gilt ausschließlich für das, was wir wirklich sind, nicht für das Ich. Das Ich erzeugt Gefangenschaft, Gebundenheit, hat alles Mögliche zu tun und zu lassen. Aber alles ist eins. Es gibt keine Zweigeteiltheit, keine Dualität, keine Befreiung und Nicht-Befreiung, keine Gebundenheit und Nicht-Gebundenheit. Es gibt weder Geburt noch Tod, weder Himmel noch Hölle. All diese Vorstellungen entspringen nur unserem konditionierten Geist. Solange wir daran glauben, solange wir uns damit verbinden, existieren sie. Aber aus unserer ursprünglichen Natur heraus betrachtet, sind es Hirngespinste, Papierblumen, die in die Luft wachsen. Das Leben ist eins, ganzheitlich. Die Dinge entstehen und vergehen in der quellenlosen Quelle: im Universalbewusstsein. Wenn wir uns vom Ego befreit haben, können wir spontan handeln. Wenn der konditionierte Geist sich von allen Gestaltungen und Formen, von allen Meinungen und Erinnerungen löst, geht er im Universalbewusstsein, in der Universalenergie auf.

»Ich habe so tief geschlafen«, sagen wir manchmal, wenn wir morgens ohne Erinnerung an einen Traum aufwachen. Aber wer ist das, der um diesen tiefen, traumlosen Schlaf weiß? Wovon wachen wir auf? Woraus erwachen wir? Wäre es möglich, dass wir von einem Schlafzustand in den anderen übergehen? Wobei der eine vielleicht etwas weniger tief ist und mehrere Variationen aufweist? Die Gegenstände und Menschen, die wir tagsüber sehen, haben natürlich eine andere Qualität als die Traumbilder, die wir nachts wahrnehmen, aber werden sie nicht ebenso sehr von zahllosen Mustern, Bildern und Projektionen konditioniert wie der eigene Geist? In unseren nächtlichen Träumen besteht kein Zweifel daran, dass alles, was sich ereignet (die Menschen, denen wir begegnen, die Dinge, die wir sehen, die Sinneserfahrungen, die wir machen) Wirklichkeit ist. In unseren Träumen gibt es niemanden, der glaubt, zu schlafen. Aber wenn wir morgens aufwachen, werden all diese Erfahrungen »Träume« genannt. Tagsüber sind wir uns ebenfalls sicher, dass alles Geschehene real ist. Und wenn es nun ein Erwachen gäbe, das über das Bewusstsein von Tag und Nacht hinausgeht? Wenn wir in unseren Träumen verfolgt werden können, wenn wir darin lieben und hassen, uns selbst Schmerz zufügen, König oder Bettler sein können, wäre es dann nicht auch möglich, dass sich dies alles tagsüber wie im Traum abspielt? Wenn der König im Schlaf träumt, er sei ein Bettler, wer ist er dann am Tag?

Obwohl die Wirklichkeit eins ist, stellt sie sich vielschichtig dar. Die Erfahrungen des Tages und des nächtlichen Traumes scheinen beide real zu sein. Aber wieso sprechen die großen Weisen und Erleuchteten dann von einem Erwachen? Sind wir denn tagsüber doch nicht richtig wach? Bin ich richtig wach, wenn ich sagen kann, dass ich aufwache, schlafe, träume? Bin ich vielleicht ein Träumer, der träumt, dass er träumt und innerhalb dieses Traums aufwacht, aber in Wirklichkeit weiterschläft? Was ist erwachen?

Solange wir nicht wissen, was wir wirklich sind, hält die Unwissenheit uns sowohl nachts als auch tagsüber in einem Schlafzustand gefangen. Natürlich ist dieser Schlafzustand differenziert und so wie es scheint, nachts intensiver als am Tag. Unwissenheit wirkt wie ein Schlafmittel. Sie hypnotisiert uns, verursacht einen Schlaf, in dem wir von der Geburt zum Tod reisen. Vom Schlafen zum Aufwachen. So wie wir jemandem unter Hypnose vieles suggerieren können, so suggeriert uns die Unwissenheit alles Mögliche und nimmt uns die volle Sicht auf die Wirklichkeit. Sind Schlafen und Wachen nicht beide oberflächliche Erscheinungen innerhalb des einen Bewusstseins, das wir wirklich sind?

Wenn wir Filmbilder auf einer weißen Leinwand sehen, wissen wir, dass es sich dabei um eine Projektion handelt. Sobald wir uns damit identifizieren, verschmelzen wir mit der Projektion. Auch wenn sich auf der Leinwand furchtbar blutige Szenen abspielen, die Leinwand an sich bleibt weiß.

Was in uns und um uns herum auch geschieht, wir sind wie eine solche weiße Leinwand. Wir sind das helle Licht. Das helle Licht des Universalbewusstseins, in dem alle Welten sich befinden, entstehen und vergehen. Auch wenn Unwissenheit uns in den Schlafzustand versetzen kann, sie ist nicht mehr als ein Schatten. So wie der Schatten des Adlers erst sichtbar wird, wenn er sich der Beute nähert, so entsteht der Schatten des Nichtwissens erst, wenn der Geist sich auf das richtet, wonach er verlangt. Erst dann verlieren wir uns im Werden und vergessen das zeitlose Sein. So entsteht Leid und wir vergessen die reine Freude, die wir sind. Wo ist derjenige, der träumt und aufwacht?

»Wie hat dir mein Vortrag über Wachen und Träumen gefallen?«, fragte der Psychologieprofessor im Anschluss an seinen Vortrag einen Freund. »Sehr gut. Klar gegliedert. Wirklich ein gelungener Vortrag!« »Ist dir nichts aufgefallen?«, fragte der Professor. »Nein. Wieso?« »Na, weil ich während meines Vortrags kurz eingeschlafen bin.«

Das Lied des Windes

Es war der Wind, der sie mit Leben erfüllte,
es ist der Wind, der unserem Mund entströmt,
der uns Leben schenkt.
Wenn er nicht mehr weht,
werden wir sterben.
Die Haut unserer Fingerspitzen
zeigt die Spuren, die der Wind hinterließ;
sie zeigen uns, dass der Wind da war,
als unsere Vorfahren erschaffen wurden.
Navajo-Indianer, 1897

Viele Menschen kennen die wahre Kraft des Windes nicht mehr. Sie gehen meist nur bei schönem Wetter spazieren. Sie arbeiten in klimatisierten Räumen. Sie sprühen sich zu viel Festiger ins Haar und gehen vorzugsweise an windstillen Sonnentagen zum Strand. Die wahre Kraft des Windes spüren wir erst inmitten der Natur oder, sozusagen als Ersatz, wenn wir bei Sturm einmal ein Fenster unseres Hauses öffnen.

Die Fenster im Haus unseres Körpers sind die Sinne. Wer sie öffnet, spürt den spielerischen Windhauch des Lebens. Wer entdeckt, dass das Haus seines Körpers leer ist, fühlt den Wind durch sich hindurch wehen. Leere in der Leere. So wie der Wind im Herbst alle bunten Blätter auf seinem hohlen Rücken mitnimmt, so trägt der Lebenswind alles Vergängliche, alles Entstehende und Vergehende mit sich fort. Unaufhörlich atmet er ein und aus.

Der Wind selbst ist unsichtbar. Wir sehen ihn nur durch die Bewegung, die er erzeugt. So ist es auch mit jeder Bewegung unseres Körpers. Unseren Arm etwa können wir nur durch eine an sich unsichtbare Kraft bewegen. Diese Kraft wird durch Nahrung erzeugt. Nahrung ist die Frucht des Zusammenspiels der Elemente in den Gestaltungen. Die Elemente sind voneinander abhängig und durchdrungen von einer unsichtbaren Lebenskraft, die sich selbst kennen lernen will. Das Wachstum in der Natur geht aus dieser einen unsichtbaren Kraft hervor, die auch den Arm bewegen lässt. Diese Kraft ist reine Energie. Energie ist eine Auswirkung der Leere. Leere die grundlose, formlose Möglichkeit alles Seienden. Energie strömt wie Wind. Lebenswind.

Der Wind ist ein Lied. Ein Lied, das in einem Herbststurm laut ertönt und in einer Frühlingsbrise leise erklingt.

Lass dich vom Wind mitführen. Sei wie ein Bambusrohr, hohl und leer, und lass dich vom allgegenwärtig ertönenden Lied des Windes bewegen. Lass den Wind alles wegblasen, was du zu sein glaubst. Sei niemand mehr und du wirst alles sein.

Lausche dem Lied des Windes! Es singt und klingt, es summt und brummt, es zittert und erschüttert, es fegt und schlägt.

Wenn das Lied des Windes in uns singt, verschwinden alle Gegensätze, die unseren Geist beherrschten, und das Leben spielt durch uns hindurch. Lebe wie der Wind. Wenn der Wind sich bewegt, dann bewege dich mit ihm. Sei Bewegung, aber bewege dich selbst nicht. Wenn es stürmt, dann werde zum Sturm. Aber lass deinen Geist in völliger Ruhe sein, so wie im Auge des Zyklons vollkommene Stille herrscht. Wenn der Wind zur Frühlingsbrise wird und sanft über frisch bestellte Felder flüstert, dann sei diese Frühlingsbrise und lass das Leben still in dir erblühen. Das Leben ist Ruhe und Bewegung, Stille und Wort, Leere und Gestalt.

Befreiung heißt nicht, dass man keine Gefühle mehr hat. Gefühle werden immer da sein, aber es wird kein Ich mehr geben, das fühlt. Alles Anhaften und Festhalten wurde fortgetragen. Wer keine Gefühle mehr hat, wird zum Eisberg, der im Wasser der Veränderung umhertreibt. Aber auch der Eisberg verändert sich. Wenn der Kern des Jemand-sein-Wollens schmilzt, verliert sich die Welle im Ozean. Wasser in Wasser. Wenn das Ich geschmolzen ist, erscheint der stille Zeuge, die unergründliche, grundlose Lebenskraft, der zeitlose Lebenswind, und alle Dinge sind, wie sie sind. Es ist kein Platz mehr für zwei. Alles ist in mir und ich bin in allem. Jenseits von Werden und Sein erstreckt sich in tiefem Frieden das unnennbare, reine Bewusstsein. Alles ist eins, das Eine ist alles.

Das Lied des Windes führt kleinherzige Gefühle wie Distanz, Neid, Zorn, Verblendung, Ehrgeiz, Hass und Begierde mit und zerstäubt sie wie unbedeutende Flusen in alle Richtungen über die unermesslichen Flächen des Lebens. Und an deren Stelle erfüllt der Lebenswind uns mit Ganzheit, Mitgefühl, Liebe und Begierdelosigkeit.

Wer wie der Wind lebt, wird eines Tages bemerken, dass er vom Wind leben kann. Der Wind wird ihn zu unbekannten üppigen Getreidefeldern führen, wo die goldreifen Ähren sich in Lebensbrot verwandeln. Der Wind wird ihn zum Fluss der Erkenntnis bringen, wo das Wasser der Weisheit den Lebensdurst für immer löscht und den Körper erfrischt. Der Wind wird ihn zu einem geschützten Ort im Wald begleiten, wo er die Nacht auf dem Moos der Weisheit verbringen kann. Der Wind wird ihn durch das grenzen- und raumlose Niemandsland des stillen Bewusstseins wirbeln. Seine Füße werden keine Abdrücke mehr hinterlassen, weil er von der Liebe getragen wird und jede Spur des Ichs verwischt wurde. Und der Wind wird ihn noch weiter führen, zu einem Ort, wo jegliches Erfahren sich selbst verschlungen hat, wo alle Küsten des Werdens und Seins verschwunden sind, wo die Illusion von Raum und Zeit ein Ende hat, wo alle Namen in der Stille verbrannt sind und wo auch der stille Zeuge weggeblasen wurde.

Wer wie der Wind lebt, wird in der Erde keine Wurzeln mehr schlagen. Er selbst lebt wie ein Vorübergehender, der in allen Häusern des Lebens wohnt, wie ein Liebhaber, der in allem Geliebten atmet, wie ein Einzelner, der im Vielen gegenwärtig ist, wie ein Ozean, der alle Wellen trägt.

Lausche...! Das Lied des Windes erklingt immer, auch wenn wir sein Lebenslied nicht hören. Es ertönt überall, auch wenn der Wind nicht weht. Der Wind trägt uns, auch wenn wir glauben, dass wir uns aus eigener Kraft fortbewegen. Lass los, du Menschenkind! Lass den Wind jegliche Begierde und jeglichen Willen fortblasen und kehre zurück zu der quellenlosen Quelle, die du zeitlos bist.

»Was läutet dort, der Wind oder die Glocke?«, fragte der Zenmeister Solsgya Nandai seinen wichtigsten Schüler Kayashata, als er eines Tages eine Wind-

glocke, die in der Eingangshalle hing, läuten hörte. Kayashata antwortete: »Weder der Wind noch die Glocke. Es ist mein Geist, der läutet.« »Was meinst du damit?«, fragte der Zenmeister.

»Es ist die vollkommene Stille!«, entgegnete der Schüler.

»Eine gute Antwort«, sagte Solsgaya. »Wer außer dir könnte meine Lehre vermitteln?«

Wäre ich doch nur erleuchtet!

Und wenn ihr die Schriften aller Patriarchen studiert, alle Erleuchteten getroffen und alle Methoden kennen gelernt hättet, wenn ihr alle geheimen Kräfte beherrschen würdet und somit den Gipfel der Gelehrsamkeit, Spiritualität und Heiligkeit erreicht hättet ... so lange wie ihr den ursprünglichen Geist nicht erkennt, ihr Kahlköpfigen, ist euer Leben nichts als ein nutzloser Zeitvertreib.
Meister Cheng

Wie oft wünscht sich ein suchender Mensch die Erleuchtung herbei. Das Ich kann es nicht erwarten, erleuchtet zu werden. Doch wer kann schon auf zwei Pferden gleichzeitig reiten, wer kann zwei Bögen mit einer Hand spannen, wer kann zugleich vor- und rückwärts fahren? Die Erleuchtung und das Ich passen nicht zusammen. So wie der Schatten sich niemals des Lichtes bemächtigen kann, so kann das Ich niemals das unpersönliche Sein realisieren, solange es am Selbst festhält.

Das Ich hat zahllose Vorstellungen darüber, wie die Erleuchtung sein könnte. Unter Trompetenschall taucht man in eine lichtdurchflutete Welt ein, man wird umhüllt von Visionen mit himmlischer Musik, Klängen und Farben, man erlebt den Gipfel der Glückseligkeit. Mit Erleuchtung hat dies alles nichts zu tun, eher mit »spirituellem« Theater. Fast alles, was heutzutage als »Erleuchtungsliteratur« und Esoterik angeboten wird, dient dazu, das Ego auf subtile oder grobstoffliche Weise glatt zu hobeln, zu polieren, zu stärken. Astrale Reisen, Körperaustritte, Offenbarungen aus anderen Welten, unsichtbare Führer, Kontakte zu außerirdischen Wesen, aufgestiegene Meister, Erfahrungen in den subtilen Körpern, das Trainieren von spirituellen Fähigkeiten durch Stimulierung der Chakras – dies alles bezieht sich auf das Ego, auf die subtile Instandhaltung von Macht. Und das Ich wiederholt unermüdlich, dass es unverzichtbar sei, dass man ohne Ich kein Auto fahren, nicht einkaufen und nicht arbeiten kann.

Doch unsere Atmung vollzieht sich ohne unser Zutun, unser Herz klopft ohne jede Bemühung unsererseits, der Speichel bildet sich von selbst in unserem Mund, die Augenlider bewegen sich, ohne dass wir das wirklich steuern könnten, der Schlaf übermannt uns und die Verdauung ist ein automatischer Vorgang. All unsere Probleme mit Chaos, Gewalt, Pornografie, Ehrgeiz und Macht entstehen durch die Aufrechterhaltung des Egos. Was wir »automatisch« machen, gelingt uns am besten. Autofahren wird zum Problem, wenn wir allzu bewusst schalten, schlafen können wir nicht auf Kommando und Verliebtheit müssen wir nicht trainieren oder studieren. Eine Blume erblüht von selbst, im Frühling paaren sich die Tiere und das Gras wächst, die Sonne geht jeden Morgen mühelos auf und der Mond glänzt in der Nacht ohne zusätzliche Beleuchtung. Im Universum folgt alles seinen eigenen Gesetzen. Maß, Zahl und Zeit sind festgelegt. Nur wenn unser Ego sich einschaltet und wir den großen Strom verlassen, entstehen Probleme, machen sich Krankheit, Leid und Angst vor dem Tod breit.

Die Erleuchtung wird nur allzu oft dargestellt als ein

fernes Ideal, das nur von einigen wenigen nach einer endlosen Reihe von Wiedergeburten erreicht werden kann. Pseudo-Meister, geistige Führer und New-Age-Gurus stehen Schlange, um den suchenden Menschen zur Erleuchtung zu begleiten. Sie zünden die vielfarbige Weihnachtsbeleuchtung an, spinnen den sich nach Befreiung sehnenden Menschen mit dem hauchdünnen Engelshaar des Pseudo-Mitgefühls ein und halten ihn auf diese Weise in Illusionen und Begierden gefangen. Der Schatten, der das Licht fangen will, gerät dadurch nur in noch tiefere Finsternis.

Erleuchtung ist ein beschmutztes und abgenutztes Wort geworden. Ein Begriff, der »etwas« umschreiben will, das »nichts« ist, für das es keinen Ausdruck gibt, wo alles Denken aufhört, wo das Ich vollkommen untergeht. Die Erleuchtung lässt sich nicht erlangen. Sie kann uns sozusagen passieren, wenn wir innerlich leer sind, wenn wir aufwachen aus einem Zustand, in dem wir nicht sind. Die Erleuchtung ist unser natürlichster Seinszustand. Erleuchtung ist nicht geheimnisvoll. Sie ist so gewöhnlich, dass das Ich mit seinem Hang nach Geheimnistuerei etwas Außergewöhnliches daraus macht. Dadurch können in endlosen Spiralen aufsteigende Treppen des Etwas-erreichen-Wollens, des Etwas-werden-Wollens erklommen werden, grobstofflich und feinstofflich. Auf diese Weise kann jemand über viele Zeitalter hinweg in Illusionen gefangen bleiben, umherirrend durch das vom Geist projizierte Universum mit seinen endlosen Möglichkeiten. Bis er aufwacht, bis er erkennt, dass die Erleuchtung nahe ist, so greifbar nahe, dass er in schallendes Gelächter ausbricht, wenn sie ihn überrumpelt. Alle Vorstellungen über Erleuchtung, die der individuelle Geist zusammengeharkt hat, werden plötzlich aufgewirbelt von dem Windstoß, der mit dem Erleuchtungsblitz einhergeht. Und erst wenn alle Vorstellungen weggeweht sind, wenn jegliche Identifikation mit Religion, Gesellschaft und Körper durch Erkenntnis verschwunden ist, kann die Realisation ihn überkommen, so wie die heranrollenden Wellen des Meeres plötzlich eine Sandburg hinwegfegen und der Sand vom Meer aufgenommen wird.

Über Erleuchtung lässt sich eigentlich nichts sagen. Jedes Wort dafür kann nur ein kümmerlicher Fingerzeig sein. Der Ozean des Bewusstseins lässt sich nun einmal nicht in eine Flasche füllen.

Niemand kann erleuchtet werden, denn es gibt kein Jemand. Etwas erreichen wollen, etwas werden wollen, schafft Distanz, Dualität. Dann werden die Priester, Mullahs, Rabbiner, Pastoren und Pandits sofort als Mittler bereitstehen, um uns mit Gebeten, heiligen Texten, Riten und Zeremonien zum »anderen Ufer« zu bringen. Aber es gibt weder ein diesseitiges noch ein jenseitiges Ufer, es gibt weder hier noch dort. Erleuchtung ist unmittelbar.

Erst wenn wir uns voll und ganz von der Vorstellung, dass wir ein Jemand sind, befreit haben, werden wir das reine Licht sehen können. Dann bewegen wir uns mit im großen Strom des Lebens. Wenn das Ego vom Thron der Illusionen herunterfällt, wird sich das Universalbewusstsein offenbaren. Ein Niemand sein, nichts werden wollen, nackter Geist, befreit von Vorstellungen und Meinungen. Leben in Schlichtheit. Kein Ziel, kein Weg, keine Methode. Töricht vielleicht in den

Augen vieler Menschen. Ein Stein des Anstoßes vielleicht für Priester und Bewusstseinsforscher. Das Eine existiert weiter, wenn ich nicht mehr bin.

Erleuchtung oder Realisation ist das Erwachen an unserer ursprünglichen Natur. Alles ist eine einzige Energie, ein einziges Bewusstsein, eine einzige Intelligenz – unpersönlich. Der Fragende ist verschwunden. Es gibt keine Fragen mehr. Auch der Wahrnehmende verschwindet, denn es gibt nur ein einziges Leben. Und darin existiert keine Dualität zwischen Wahrnehmer und Wahrgenommenem. Sein, in sich selbst und aus sich selbst heraus, aufsteigend aus der Leere, sich immer jung und frisch offenbarend im Mysterium der Fülle und der totalen Liebe. Potenzialität alles Seienden, unergründlich ... Das sind wir.

Ein Schüler sagte zu seinem Meister: »Wie viele Leben brauche ich noch, bis ich erwache?« »Du?«, antwortete der Meister, »ebenso viele Leben wie die Blätter an dem Baum, unter dem ich gerade sitze.« In dem Moment kam ein Sturm auf, fegte alle Blätter vom Baum und der Schüler erwachte.

IV
Das Leben hinter sich lassen

Geburt und Tod

Den Wiedergeburtsweg endlos
Habe vergeblich ich durchirrt,
Des Hauses Baumeister suchend;
Leidvoll ist der Geburten Los.

Hauserbauer! Entdeckt bist du!
Nicht wirst du wieder bau'n das Haus.
Deine Balken zerstört liegen,
Zerbrochen alle Zinnen sind.
Das Herz, entfloh'n dem Welttreiben
Hat alles Wollens End' erreicht.

Der Buddha (Dhammapada, Vers 153f.)

Vom Moment unserer Geburt an befinden wir uns auf dem Weg zum Tod. Alles Seiende ist Teil des Strudels der Veränderung. Jeden Tag müssen wir aufs Neue erleben, dass die Veränderung das einzig Beständige ist.

Wir alle sitzen im Wartezimmer des Todes. Irgendwann sind wir an der Reihe. Vielleicht wollen wir uns damit lieber nicht beschäftigen und wir haben uns allerlei Ausflüchte ausgedacht, um nicht über den Tod nachdenken zu müssen. Wir können ja reisen, ausgehen, Witze reißen, uns eine Frischzellenkur verpassen lassen, ein Fest organisieren, Karriere machen oder zum x-ten Mal umziehen. Dem Tod jedoch kann man nicht entkommen und geboren werden ist nur allzu oft der Beginn großer Unbequemlichkeit.

Geburt und Tod gehören zusammen wie Himmel und Erde, Tag und Nacht, Weiß und Schwarz, Mann und Frau. Es sind zwei verschiedene Zustände des unaufhörlichen Stroms der Veränderung, zwei Tore zu einem einzigen Gebäude: Leben. Wir können das Gebäude nicht durch eines der beiden Tore verlassen, denn das Ausgangstor ist zugleich das Eingangstor.

Wenn wir die Tore betrachten können, ohne ein Urteil darüber zu fällen, verschwindet das Bedürfnis, eines dieser Tore überhaupt aufmachen zu wollen. Denn beide Tore gewähren ja Zugang zu der doppelten Rolltreppe des Lebens, in dem Unwissenheit und Begierde uns mehr Kummer als Freude bereiten. Wenn wir es unbedingt zu etwas bringen wollen, rollt sich wohl oder übel der rote Teppich kurzlebiger Freude und lang anhaltenden Kummers aus. Wenn wir etwas um jeden Preis erreichen wollen, bedeutet das, eine Treppe hinaufzugehen, die nirgendwo endet. So wie eine Strickleiter, die gen Himmel geworfen wird, nicht aufrecht stehen bleibt, so wird keine einzige Begierde als Strickleiter dienen können, um den Himmel des ewigen Glücks zu erreichen. Begierde ist die Schnur der Unwissenheit, auf die die Perlen zahlloser Leben aufgefädelt werden, von der Geburt zum Tod, vom Tod zu neuer Geburt. So ziehen wir wie ein blinder Reisender durch den Kreislauf des Seins, nach neuen Formen des Lebens suchend und tastend. Wer sind wir eigentlich? Wer bin ich? Was bin ich? Wer oder was wird geboren, wer oder was stirbt?

Befreiung erlangen wir nur, wenn wir die Tore von Geburt und Tod hinter uns lassen, wenn wir das entdecken, was jenseits von Leben und Tod, jenseits von Freude und Kummer, jenseits von Geist und Materie, jenseits von Werden und Sein ist. Der unbefriedigte

Geist wird immer etwas anderes verlangen. Und dieses Verlangen treibt uns voran in einem endlosen Werden, zu neuen Lebensformen, wobei das ursprüngliche Antlitz immer wieder vergessen wird. So wie eine Öllampe weiterbrennt, solange man Öl nachgießt, so befinden wir uns in einem endlosen Kreislauf von Geburt und Tod, solange wir das Öl der Begierde immer wieder nachfüllen. Begierde erzeugt Himmel und Höllen, Erfahrungen vor und nach dem Tod. So sind wir unwissentlich der Schöpfer unseres eigenen Lebens, unseres eigenen Schicksals, unserer eigenen Umgebung. Wir haben vergessen, was wir wirklich sind. Licht in Licht. Vollkommene Liebe, niemals geboren und niemals gestorben. Das Spiel der Natur geht weiter, so wie die ewig wogenden Wellen des Ozeans. Es gibt zahllose Möglichkeiten, in diesem unermesslichen Universum Erfahrungen zu machen. Es gibt zahllose Möglichkeiten, in der Spirale des Werdens zu sterben und wiedergeboren zu werden. Bis die Erkenntnis zu uns durchdringt, dass das, was wir wirklich sind, nie geboren wurde. Wie könnten wir dann sterben? Alle Gestaltungen des Lebens ruhen in dem einen unermesslichen Geist. Unserer ursprünglichen Natur nach sind wir unverwundbar, der unbewegte Beweger des Seienden. Wir sollten uns nicht mit der Wolke vor der Sonne identifizieren. Wir sind das Licht! Der Fisch im Wasser, der Durst hat, muss erst noch entdeckt werden.

Um den Tod besiegen zu können, müssen wir bereit sein, vor dem Tod zu sterben. Das »Ich« wird dann nicht mehr wiedergeboren. Wenn alles stirbt, was ich nicht bin, stürzen die Tore von Geburt und Tod ein. Auf einmal sind sie leere Räume in einem leeren Raum.

Wer kein lebendiger Toter sein will, sollte die Vergangenheit im Jetzt begraben und sich nicht mehr nach einem Leben nach dem Tod sehnen. Denn die Begierde ist der Zimmermann unserer neuen Geburtswiege und der Schreiner unseres Sarges. Gegensätze sind, wie sie sind. Sich aufzulehnen, hat überhaupt keinen Sinn. Wenn wir lernen, daran zu sterben, kann kein Ich mehr in diese Gegensätze hinein geboren werden. Wer sich selbst auflöst, löst damit alle Probleme über Geburt und Tod. Dann herrscht absolute Klarheit. Vollkommene Präsenz in jeglicher Geburt und in jeglichem Tod. Wenn das Ich nicht mehr existiert, kann kein Feuer es verbrennen, kein Wasser es ertränken, keine Luft es weiten und keine Erde es Wurzeln schlagen lassen.

> *Der Sultan von Damaskus saß still in seinem Palast. Plötzlich stürmte sein treuester Diener erschrocken herein und flehte ihn an, sein schnellstes Pferd benutzen zu dürfen. »Ich muss sofort nach Bagdad flüchten!«, sagte der Diener. »Warum so eilig?«, fragte der Sultan. »Hoheit, in Ihrem Garten traf ich den Tod, der seine Hände in die Luft streckte, als wolle er mich bedrohen. Wenn ich nach Bagdad fliehe, kann ich ihm entkommen.« Und während der Diener auf dem schnellsten Pferd nach Bagdad ritt, ging der Sultan in den Garten und fragte den Tod, warum er seinen treuesten Diener bedroht habe. »Hoheit«, sagte der Tod, »ich habe Ihren Diener überhaupt nicht bedroht. Ich habe nur meine Arme in die Luft geworfen, weil ich bass erstaunt war, ihn hier in Damaskus anzutreffen, obwohl ich doch heute Abend in Bagdad mit ihm verabredet bin!«*

Wer oder was wird wiedergeboren?

> *Wenn der Körper stirbt, gelangt die Gesamtheit der Gedanken, Erinnerungen und Eindrücke in das Sammelbecken des Bewusstseins. Damit das Funktionieren fortgesetzt werden kann, bedarf es bestimmter Taten oder Ereignisse. Um diese Ereignisse stattfinden zu lassen, braucht es neue Organismen. Organismen werden erschaffen, damit die Handlungen ausgeführt werden. Handlungen werden nicht ausgeführt, um einen Organismus zu strafen oder zu belohnen. Es ist ein unbeweglicher Organismus, der sich in dem Moment, da es Emotionen gibt, plötzlich seiner selbst bewusst wird.*
> Ramesh S. Balsekar

Auf der Grundlage von religiösen Konzepten projiziert der Mensch ein ewiges Leben, weil er die Vergänglichkeit von allem, was Name und Form hat, nicht akzeptieren kann. In diesem ewigen Leben, ist das Selbst, die Seele, das Ich, wie subtil auch immer, von ewiger Dauer. Zu diesem Bild gesellen sich ein ewiger Himmel, Lichtschlösser und herrliche Paradiese, in denen man sich in angenehmer Gesellschaft auf farbenfrohen, duftenden Blumenwiesen entlang kristallklarer Flüsse ausruhen darf. Die Religionen haben jedoch auch die Vorstellung von ewigen Höllen ins Leben gerufen, wodurch sie Macht über die Seele und die Funktion des Mittlers erhielten. Doch Himmel und Höllen finden sich nur im eigenen Geist.

Eine weit verbreitete Vorstellung vom ewigen Glück

ist der Gedanke der Reinkarnation. Darüber existieren eine Menge Missverständnisse, zum Beispiel: Meine Seele oder mein Selbst ist unveränderlich, muss jedoch auf dem Pfad zur Befreiung allerlei Erfahrungen in dieser oder einer anderen Welt machen. (Je nach dem Glauben besteht dann die Möglichkeit, ausschließlich als Mensch oder in anderen Lebensformen oder Bewusstseinszuständen zu reinkarnieren. Im letzten Fall wäre es passender, von Wiedergeburt anstatt von Reinkarnation zu sprechen).

Aber wenn die Seele oder das Selbst unveränderlich ist, wie können dann Erfahrungen gemacht werden? Um Erfahrungen zu sammeln, muss etwas vorhanden sein, das sich verändern kann. Etwas, das statisch ist, verändert sich nicht und macht folglich auch keine Erfahrung. Viele Menschen, die immer nur von dem Verlangen nach Einheit sprechen, haben anscheinend Probleme mit dem Gedanken, dass das Selbst oder die Seele ein Konzept ist, leer, ohne Substanz. Sie betrachten sich selbst als diejenigen, die handeln. Aber es sind nur die Folgen dieser Handlungen, die sich nach dem Tod auf unpersönliche Weise als energetische Prozesse im großen kosmischen Bewusstseinsreservoir auswirken.

Was wird wiedergeboren? Nicht der Täter, sondern die Taten, das heißt die Folgen der Handlungen. Was hier entsteht, vergeht dort. Was dort vergeht, entsteht hier. Es gibt also kein unvergängliches Selbst, das in seiner kompletten Form von einem Leben in das andere übergeht, auch wenn manche heilige Schriften dies behaupten, wodurch die Illusion einer unvergänglichen Seele aufrechterhalten wird. Das Ich oder das

Selbst wird nicht in der Gestalt eines Höllengeistes, Dämons, Halbgottes, Gottes, Supergottes, Menschen oder Tieres wiedergeboren. Aus dieser Perspektive heraus hat die zähe Auffassung »wer einmal als Mensch geboren wird, wird immer als Mensch geboren« keine Daseinsberechtigung mehr. Allerdings bietet die Geburt als Mensch in Anbetracht des ihn umgebenden Feldes der Dualität eine hervorragende Möglichkeit, das Sein zu erkennen und zu ergründen.

Alle Auswirkungen kehren als Informationen zurück in die große kosmische Datenbank des Universalbewusstseins, aus der sich immer wieder neue Formen herausbilden. Zwischen Information und Transformation besteht eine kontinuierliche Wechselbeziehung. Für religiöse Konzepte oder esoterische Ideen unterschiedlicher Art ist hier natürlich kein Platz, denn sie machen den Geist dogmatisch.

Wer die Wirklichkeit der »Selbstlosigkeit« durchschaut hat, weiß, dass Wiedergeburt unpersönlich ist.

Viele Esoteriker haben diesbezüglich eine andere Meinung und in unzähligen Werken zur Entstehungsgeschichte des Universums tummeln sich schöpferische Götter, Bruderschaften, Schöpfer von Rassen, Wesen unterschiedlicher Art in unterschiedlichen Welten, Engel, Führer, Vermittler, Einweiher, Avatars und wiederkehrende Heilande. Aus den unsichtbaren Welten werden regelmäßig Botschaften gesendet, ganze Bibeln werden durchgefunkt, neue Ideen für Religionen »eingestrahlt«. Und so folgen Millionen von Menschen neben den bestehenden Auffassungen von halbvergangenen Religionen den neuesten frohen Botschaften. Dicke Übungsbücher beschäftigen sie für den Rest ihres Lebens und beruhigen ihren unruhig suchenden Geist. Jesus, der Buddha, Lao-tse, Franz von Assisi, Jung, Koot Homi und Morya sind noch präsent und lehren uns den Weg zur Befreiung. An die Stelle der aus der Geschichte bekannten Hohepriester sind heute die esoterischen Experten getreten, die alles über das Jenseits wissen. Eingeweihte in die große Botschaft. Das Drama der Ursünde heißt jetzt Karma, und das einmalige Leben ist zu einer Kette von Leben geworden. Aber wie »fesselnd« dies alles auch sein mag, es bezieht sich ausschließlich auf die relative Welt des Werdens und nicht auf das absolute Sein, auf die Quelle, aus der heraus das schöpferische Geschehen entsteht und vergeht. All diese Auffassungen und Ideen können uns nicht frei machen. Sie hindern uns sogar mächtig daran, zu dem vorzudringen, was wir wirklich sind. Hier und jetzt können wir wiedergeboren werden in dem, was ist, in der Totalität, der Einheit, dem All. Warum sollte man ein Selbst oder eine Seele aufrechterhalten wollen, wo doch das Sein selbst keinerlei Abgrenzung kennt?

Aber was ist mit den Erinnerungen an vorhergehende Leben? Die gibt es gewiss, aber es sind nicht »meine« Leben. Wenn es kein Selbst gibt, keine feste Seele, was ist dann »meins«? In »meiner« gegenwärtigen Formoffenbarung kann es Erinnerungen an vorhergehende Leben geben, aber es sind nicht »meine« vorhergehenden Leben. Das ist alles. Das Ego eignet sich nur zu gern die Erinnerungen an die Taten früherer Lebensoffenbarungen an. Besonders wenn es sich dabei um hohe Inkarnationen handelt. Wie viele Menschen erinnern sich denn daran, irgendwann einmal ein großer Verbrecher gewesen zu sein?

Für jemand, der aufrichtig nach Selbsterkenntnis sucht, sind Erinnerungen an vorhergehende Leben und Erfahrungen aus dem Grenzbereich des Todes nur eine Randerscheinung. Sie gehören zur Illusion der Persönlichkeit, die meint, einen unveränderlichen Kern zu besitzen. All diese Erinnerungen und Erfahrungen entspringen dem trennenden Denken und lassen sich kollektiv in einer Religion oder Kultur widerspiegeln. Viele Menschen, die den Grenzbereich des Todes betreten haben, berichten vom gleißenden Licht, das sie dort wahrgenommen haben. Aber solange es noch jemanden gibt, der dieses wahrnimmt, herrscht die Dualität vor. Es gibt nur Klarheit, Licht, aber niemanden, der erleuchtet ist. Reine Erhabenheit, die über Sein und Nicht-Sein hinausgeht.

Ein Patient war beim Psychiater. Er erinnerte sich haargenau an ein vorheriges Leben als Wurm. Obwohl er jetzt eine menschliche Gestalt hatte, glaubte er noch immer ein Wurm zu sein. Zum Glück gelang es dem Psychiater, seinen Patienten von dieser Vorstellung zu befreien. Sie wollten die Probe aufs Exempel machen und gingen zu einem Bauernhof, wo einige Hühner lebten. Plötzlich brach dem Mann der Angstschweiß aus. »Aber du weißt doch, dass du kein Wurm bist!«, sagte der Psychiater. »Das stimmt zwar«, sagte der Patient, »aber wissen die Hühner das auch?«

Älter werden

Und ich scheide aus ihm [dem Leben] wie aus einer Herberge, nicht wie aus meinem eigentlichen Wohnhaus. Denn die Natur hat uns hier nur eine Einkehr zum Verweilen beschert, nicht einen ständigen Wohnsitz.
Cicero

Einmal im Jahr feiern wir unser Älterwerden in Form unseres Geburtstages. Aber wer oder was hat eigentlich Geburtstag? Ein »Jemand«, der eigentlich ein »Niemand« ist. Eine Feier zum Geburtstag macht uns nicht jünger und die Gespräche über das Altern können die Zeit nicht anhalten. Natürlich kann ein Geburtstagsfest sehr gemütlich sein und die Einsamkeit für eine Weile vertreiben. Aber wer hat seinen Geburtstag schon einmal in aller Stille verbracht? Mit einem langen Spaziergang am Strand oder durch den Wald?

Wenn wir jung sind, sehnen wir uns danach, älter zu sein, und wenn wir alt sind, möchten wir wieder jung sein. Und wenn das Alter uns das Leben schwer macht und wir von Krankheit geplagt werden, möchten wir am liebsten sterben.

Solange wir leben, gibt es Wünsche und Bedürfnisse. Das Verlangen, etwas zu erreichen, Ansehen zu erlangen, ist das Feuer, das uns vorantreibt. Und währenddessen verstreicht die Zeit, die Haare werden grau, die Zähne fallen aus, die Haut wird faltig, das Laufen fällt schwer und immer häufiger kreuzen Krankheiten unseren Lebensweg. Junge Leute warten ungeduldig darauf, uns ersetzen zu können und die Dinge anders anzupacken als wir. Bei jedem Schritt, den wir tun, verändert sich das, was wir uns im Leben aufgebaut haben. Älter werden bedeutet, jeden Tag ein bisschen Abschied nehmen von dem, was war. Älter werden bedeutet, erkennen, dass Make-up den »Make-down«-Prozess des Alterns nicht aufhalten kann.

Schönheitschirurgen verdienen im Jahr Millionen mit der Entfernung von Falten und mit dem Liften von Körperpartien, die ihre Elastizität verloren haben. Die Kosmetikindustrie macht jährlich Milliardenumsätze mit dem Verkauf von Antifaltencremes, Haarfärbemitteln und verführerischen Düften. Viele Menschen, die normalerweise graue Haare hätten, sind plötzlich rot, grün oder blau gefärbt. Der Chamäleon-Mensch: eine Laune der Natur?

Älter werden ist eine ausgezeichnete Gelegenheit, das Leben in seiner ganzen Veränderlichkeit und Vergänglichkeit wahrzunehmen, und damit bei sich selbst zu beginnen. Der Druck der Arbeit fällt weg. Wir brauchen nicht mehr zu produzieren oder wichtig zu sein. Viele sinnvolle Dinge können jetzt in Angriff genommen werden. Wenn wir erkennen, dass nichts gleich bleibt, wissen wir auch, dass wir nicht mehr das kleine Kind auf dem Foto aus alten Zeiten sind. Dieses Kind ist allmählich zu einem Erwachsenen herangereift und zu dem älteren Menschen geworden, der jetzt dieses Foto betrachtet. Während sich unser Bewusstsein in all den Jahren unzählige Male gewandelt hat, strömten die Folgen unserer Gedanken, Worte und Taten und all die anderen Einflüsse in uns weiter, wie ein Fluss einfach weiterfließt, obwohl er sich durch Regen- und Schmelzwasser ständig verändert.

Wenn wir älter werden, müssen wir erleben, dass um uns herum immer mehr Verwandte und Freunde sterben. Auch unsere Umgebung verändert sich fortwährend. Erinnerungen an die Vergangenheit sind wieder stärker präsent. Wenn wir sie festhalten wollen, werden diese Erinnerungen zu Bildern, die sich in unserem Geist festsetzen. Solche Bilder hindern unseren Geist daran, agil und klar zu bleiben, weiterzufließen. Vergleichbar mit einem Fluss, an dessen Ufer sich Schlick absetzt und die Strömung des Flusses damit beeinträchtigt.

Wenn wir älter werden, haben wir mehr denn je die Chance, uns in der Kunst des Loslassens zu üben. Alles Lebendige altert und stirbt. Es hat also überhaupt keinen Sinn, an Name und Gestalt festhalten zu wollen. Wir können nichts festhalten, nicht einmal unser »Selbst«, nicht einmal unseren »eigenen« Körper. Wer dies erkennt, sieht, wie das Ich-Bewusstsein funktioniert. Erkennt, dass es abhängig ist von Eindrücken, Gefühlen, Erinnerungen und Gedanken, und dass das Verlangen die treibende Kraft des unaufhörlichen Weiterfließens dieses Ich-Bewusstseins ist, von der Geburt zum Tod, vom Tod zu einer neuen Geburt. Wenn wir dieses durchschauen, wird der Strom des Ich-Bewusstseins allmählich stocken, ohne eine Spur zu hinterlassen. Erst dann werden wir glückliche Menschen sein, nicht länger von Gegensätzen zerrissen. Die unruhigen Wellen der Begierde haben uns lange genug hin und her geschleudert. Stille und Leere sind unsere wahre Natur. Von dort aus strömt die unerschöpfliche Liebe für alles Seiende, ohne Unterschied.

Älter werden ist eine Chance, sanftmütiger zu werden und Menschen, Tieren, Pflanzen und Mutter Erde mit mehr Freundlichkeit und Mitgefühl zu begegnen. Es ist eine Chance, sich von allem geistigen Ballast zu befreien. Eine Chance, den Tanz des Seins zu verstehen, den Ursprung von Leid und Unwissenheit zu durchschauen. Wer sich traut, sich dem Leben ganz und gar hinzugeben, wird merken, dass Weisheit fortan sein Weggefährte sein wird und dass er seinen natürlichen Weg gehen wird, so wie alle Lebewesen ihrem natürlichen Weg folgen. Das Totschlagen der Zeit mit einfältigen Glücks- und Kartenspielen, Bingo- und Fernsehabenden oder Disko- und Kneipenbesuchen hat dann ein Ende. Man ist in sich selbst angekommen und spielt nicht länger den Toren, der mit einem Sieb Wasser aus dem Fluss holen will, um seinen Durst zu löschen.

Wenn wir den Durst nach dem Sein, den Durst nach der ewigen Jugend, den Durst nach noch mehr Durst hinterfragen und unser Verlangen für immer stillen wollen, sollten wir zuvor die Löcher im Dach unseres Geistes und die Spalten in den Fenstern unserer Sinne stopfen, so dass der Sturm der Begierde und der Schlagregen der Gefühle nicht mehr eindringen können. Dann geht keine Energie mehr verloren und Geburt und Tod können wie zwei Halbbögen eines einzigen Kreises gesehen werden. Die Schlange beißt sich selbst in den Schwanz. Durch die Begierde nähren wir unwissend den Kreislauf von Geburt, Alter, Leid, und Tod. Doch jenseits von Geburt und Tod herrscht ein »Zustand«, in dem das Alter keinen Platz mehr hat. Ein Zustand absoluten Friedens, in dem es weder Jahre noch Geburtstage gibt.

Das Leben ist wie eine Herberge. Mit leeren Händen werden wir geboren, mit leeren Händen sterben wir. Sobald wir nicht mehr aus dem Becher der Begierde trinken, wird sich DAS offenbaren. Und darin ist kein Platz für das Alter, darin gibt es weder Kommen noch Gehen, weder Leere noch Fülle.

Ein Zenmeister, der immer wieder gelehrt hatte, wie wichtig es sei, jeden Tag sinnvoll zu nutzen, wurde neunzig Jahre. Einer seiner geliebten Schüler machte ein Foto von ihm und fragte ihn mit Tränen in den Augen: »Meister, glauben Sie, dass ich in zehn Jahren noch einmal ein Foto machen kann?« Der Zenmeister antwortete: »Aber sicher, du bist doch noch jung!«

Abschied von allen Tempeln

Ich suchte Dich, doch ich konnte Dich nicht finden.
Ich rief laut nach Dir vom Minarett.
Ich läutete die Tempelglocke beim Aufgang und Untergang der Sonne,
ich badete vergebens im Ganges,
enttäuscht kam ich von der Kaaba zurück.
Ich schaute mich um auf der Erde,
ich suchte nach Dir im Himmel, mein Geliebter,
aber zuletzt habe ich Dich gefunden
als verborgene Perle
in der Muschel meines Herzens.
Inayat Khan

Ein Tempel ist ein Ort der Begegnung, ein Ort der Besinnung auf Gott und auf Fragen des religiösen Lebens. Im Tempel wird der Glaube, die Lehrautorität, die Offenbarung unterrichtet. Dazu gehören bestimmte Riten, Mythen und Zeremonien, die von Religion zu Religion sehr unterschiedlich sein können. Im Mittelpunkt vieler Religionen jedoch steht das Bekenntnis des Glaubens an den einen Gott, dessen Name nicht immer ausgesprochen werden darf. Im Tempel, einem Ort, an dem sich Raum und Zeit zu einem Mikrokosmos verdichtet haben, können Menschen ihren Glauben an Gott im sicheren Rahmen bekennen.

Aber wie sicher ist glauben? Wie sicher sind die Mauern eines Tempels, einer Moschee, einer Synagoge, einer Kirche oder Kathedrale? Enthält nicht jeder Tempel in gleichem Maße den Keim der Vergänglichkeit wie der prunkvollste Palast, das wehrhafteste Fort, das schönste Weltwunder, die höchste Pyramide? Nicht nur die Tempel entstehen und vergehen, auch die religiösen Auffassungen, Glaube und Tempel seien auf dem Fundament der Veränderung erbaut worden.

Auch wenn die Spitze der höchsten Kathedrale weit in den Himmel hineinreicht, einmal wird ein Sturm sie fällen. Auch wenn die Mauern des mittelalterlichen Doms noch so dick sind, einmal wird die Steinpest sie zerstören. Auch wenn die Fresken noch so wunderbar sind, einmal werden sie durch Licht oder Feuchtigkeit verblassen oder abblättern. Der Mensch kann nicht unentwegt restaurieren. Das Leben selbst restauriert schneller als die Maurer den Zement mischen können. Auch wenn der Mensch »zu größerer Ehre und höherem Ruhm Gottes« den schönsten Tempel erbaut, verziert vielleicht mit herrlichen, kunstvollen Ornamenten, wundervollem Blattgold oder beeindruckenden Statuen, irgendwann wird der Tempel den Elementen zum Opfer fallen.

Religionen und Tempel gehören zusammen. Doch Religion ist mehr als nur ein Tempel. Zwischen Konfession und Religion besteht ein großer Unterschied. Ein religiöser Mensch lebt aus der Quelle, aus dem Sein, aus der Stille, aus der Liebe heraus. Er wird vom Leben selbst berührt, ist voll und ganz damit verbunden. Er erfährt sich selbst nicht als ein eigenständiges Wesen, sondern als Manifestation des Universalbewusstseins.

Ein religiöser Mensch hat alle konfessionellen Erfahrungen hinter sich gelassen. Magie, Ritus und Zeremonie locken ihn nicht mehr. Schlichtheit und Wahrhaftigkeit lenken sein Leben. Er hat erkannt, dass diejenigen, die Gott suchen, die sich zu einem Glauben bekennen und nach Sicherheit verlangen, einer leeren Wahnvorstellung nachrennen. Der religiöse Mensch hat den Tempel des vollkommenen Lebens wiedergefunden. Für ihn sind die Fragen »Woher komme ich?«, »Wo bin ich jetzt?« und »Wohin gehe ich?« sinnlos geworden. Es existiert ja kein unveränderliches Ich, kein unvergängliches Selbst, das irgendwo herkommt und irgendwo hingeht. In welchem Tempel müsste ein religiöser Mensch seinen Glauben bekennen? Von welchen Mauern ließe sich seine ursprüngliche, raum- und zeitlos gewordene Natur eingrenzen?

Der religiöse Mensch braucht keinen Tempel aus Stein, keine Lehrgewalt oder Moral mehr. Das gesamte Universum ist sein Tempel. Die Bäume sind seine Säulen, die Steine sein Altar; der Duft der Blumen ist sein Weihrauch, das innere Licht seine unauslöschbare Sonne. Er weiß, dass die Wahrheit »näher ist als Hände und Füße«, dass er die Wahrheit *ist*. Der religiöse Mensch erbaut keine Tempel. Er kann sie wegen ihrer Schönheit oder ihres architektonischen Wertes besuchen. Er kann von der aufrichtigen Demut derer, die in einem Tempel zusammenkommen, von schönem Gesang oder von einem besinnlichen Choral gerührt werden. Er selbst jedoch hat keinen Tempel mehr und dennoch hat er alle Tempel.

Ein religiöser Mensch wurde von seiner »Geliebten«, vom Sein selbst, von der Wahrheit, vom Leben entdeckt. Die Geliebte befindet sich überall, es gibt keine Stelle, an der sie nicht ist. Keine Wiese, wo sie nicht blüht, kein Berg, auf dem sie nicht ist, kein Fluss, in dem sie nicht strömt, kein Baum, an dem sie keine

Früchte trägt. Für einen religiösen Menschen entfällt die Dualität zwischen einem suchenden Ich und einer gefundenen Geliebten. Die Geliebte ist die ewige Wahrheit und Weisheit des Universalbewusstseins, die zeitlose Liebe, die wir selbstlos sind. Die Wahrheit ist eins. Es gibt weder ein Ich noch eine Geliebte. Die Geliebte tanzt durch unzählige Geschöpfe hindurch ihren zeitlosen Tanz. Immer wieder anders. Sie manifestiert sich in allem Seienden, ist aber selbst frei und ungebunden. Die Muschel des Herzens hat weder einen Eingang noch einen Ausgang. Niemand wohnt darin. Sie ist leer vor Fülle und voll von Leere. Ein religiöser Mensch hat alle Tempel verlassen und dennoch gibt es niemanden, der etwas verlassen hat. Ein religiöser Mensch ist frei.

Ein Pfarrer, ein Mullah, ein Pastor und ein Rabbiner waren alle vier der Meinung, sie hätten den einzig richtigen Glauben. Sie konnten sich einfach nicht einigen. Letztendlich beschlossen sie, gemeinsam zu Gott zu beten. Ihr Gebet schien erhört zu werden, denn plötzlich erschien Gott in ihrer Mitte und sagte: »Ihr dürft euch alle vier etwas wünschen.« Der Pfarrer wünschte, Gott würde für seinen Glauben – den einzig wahren – Partei ergreifen und alle Moscheen schließen. Der Mullah wünschte sich, Gott würde alle Kirchen schließen und der Pastor wollte alle Moscheen und katholischen Gotteshäuser geschlossen sehen. Als schließlich der Rabbi nach seinem Wunsch befragt wurde, antwortete er. »Ich habe keinen einzigen Wunsch, Herr. Ich bin sehr zufrieden, wenn die Wünsche der anderen Herren erfüllt werden.«

Ein letztes Abendmahl

Aus der Nahrung werden alle Geschöpfe geboren. Sie leben von der Nahrung und gehen wieder in der Nahrung auf.
Taittiriya-Upanishad, 2,2

Das Leben ist ein sich selbst nährendes System. Es ähnelt einem Ouroboros, einer Schlange, die sich selbst in den Schwanz beißt, sich selbst verspeist. Fressen oder gefressen werden, so lautet das für alle Lebewesen gültige Gesetz. Der Mensch bildet darin keine Ausnahme. Seit Menschengedenken wird geschlachtet und jedes Jahr entstehen wahre Seen aus dem Blut der toten Tiere, mit denen wir Tag für Tag unsere Mägen füllen. Die unzähligen Fleisch-Skandale der letzten Jahre haben nur wenige von uns nachdenklich gemacht. Die einzige heilige Kuh, die der westliche Mensch kennt, ist der wirtschaftliche Fortschritt.

Die gigantischen Regale der Supermärkte locken uns mit Nahrung in den unterschiedlichsten Farben, Verpackungen und Preisklassen. Das Fleisch von Hühnern, Schweinen, Kühen, Fischen und anderen Tieren ist fast mundgerecht geschnitten und sauber verpackt, ohne Kopf und Eingeweide, damit es nur nicht mehr an ein lebendiges Tier erinnert. Erdbeeren, Kirschen und Pfirsiche gibt es zu jeder Jahreszeit zu kaufen, die Äpfel glänzen und das Gemüse ist makellos. Ihre so genannte Qualität wird oft sogar durch einen Aufkleber markiert. Schließlich isst das Auge mit (und die Hände auch). Unzählige Brotsorten und knusprige Brötchen warten auf ihren »Brotherrn«.

Jährlich werden allein im reichen Westen Tonnen von Unkrautvernichtungs- und Insektenbekämpfungsmitteln über die Nahrung ausgestreut. Mit dem Flugzeug, mit dem Traktor oder von Hand. Gesetzlich erlaubt. So werden wir also per Gesetz vergiftet. Lebensmittel werden genetisch manipuliert, bestrahlt, in die Mikrowelle gesteckt, in großen Garküchen gekocht und aufgewärmt, bis keine Vitamine mehr darin enthalten sind. Alles Mögliche wird zugesetzt, nur keine Liebe. Die Coca-Cola-Kultur breitet sich zusehends aus und macht auch vor den indischen Slums nicht Halt. Pommes frites, Hamburger, Kaugummi, Schokoriegel und Bonbons in bunten Farben und unterschiedlichen Geschmacksrichtungen gleiten durch Münder, Kehlen, Mägen, Därme und Toiletten. Lebensmittelvergiftungen und Ernährungskrankheiten nehmen zu. Kinder werfen ihre Schulbrote weg und kaufen stattdessen Süßigkeiten, die hauptsächlich aus Farb-, Geschmacks- und Geruchsstoffen sowie aus Konservierungsmitteln bestehen.

Die so genannte Esskultur breitet sich überall aus. Bon appétit! Enjoy your meal! Guten Appetit! Und um den Durst zu löschen oder einfach nur der Gemütlichkeit halber: Bier, Wein, Limonade oder schwarzer Kaffee und Tee mit Zucker. Milliarden Liter Getränke pro Jahr. Hunderte Liter pro Person. Statt Leitungswasser trinken wir nur noch Mineralwasser, denn die Stoffe, die zur Reinigung des Wassers eingesetzt werden müssen, sind nicht ganz geschmacksfrei.

Jeder von uns verzehrt jährlich einen riesigen Berg an Nahrung und scheidet einen ebenso großen Berg an Abfallstoffen aus. Die Profiteure der Nahrungsmittelindustrie reiben sich die Hände. Die Pharmaindustrie entwickelt unermüdlich neue Pillen und Tabletten, die uns von unseren ernährungsbedingten Krankheiten heilen sollen. Die Cateringbetriebe machen gewaltige Gewinne. – Irgendetwas stimmt nicht mehr. Irgendetwas stimmt nicht mit dem Boden, auf dem wir unsere Nahrung anbauen, mit unserer ungezügelten Fresssucht, mit uns selbst.

Und wie steht es mit dem, was aus unserem Mund herauskommt? Klatsch- und Sexillustrierte, Zeitschriften über Sport, Fürstenhäuser, Diäten, Schönheitskuren, Mafia, Politik und Sekten werden von Zahllosen gierig verschlungen. Was wir lesen, hören und sehen, ist auch Nahrung. Nahrung für den Geist. »Der Mensch ist, was er isst.« Wer seinen Geist unaufhörlich mit unheilsamen Gedanken füttert, kann nur Unheilsames denken.

Also nichts mehr essen? Abnehmen? Askese? Von Licht leben? Aber Licht ist auch Nahrung. Es ist reines Bewusstsein, Klarheit.

Wir könnten zumindest damit beginnen, weniger zu essen und zu trinken. Zum Beispiel nur, wenn wir Hunger oder Durst haben. Darf essen denn kein Genuss mehr sein? Freilich. Aber wir sollten gesunde Nahrungsmittel genießen, die nicht mit Gewalt erzeugt wurden, die liebevoll zubereitet wurden, die Körper und Geist stärken und uns zu guten Gedanken und Taten anregen.

Doch wenn auf der einen Seite der Erdkugel Milliarden von Menschen verhungern und sich auf der anderen Seite Millionen von Menschen der Fresssucht und Trägheit hingeben, dann stimmt etwas nicht. Die

Erde bietet genug Nahrung für alle Lebewesen. Die Sonne scheint für alle. In den reichen Ländern besitzen ein paar Millionen Menschen mehr als der Rest der Weltbevölkerung.

Nahrung ist eine Manifestation von Energie, von Universalbewusstsein, entstanden durch das Spiel der Elemente. Alles entsteht daraus und alles geht wieder darin auf. Das konditionierte Bewusstsein ist vom Körper, von Sinneseindrücken abhängig. So wie das Wachs einer Kerze Nahrung ist für die Lunte, so ist der Körper Nahrung für das Bewusstsein, das unermüdlich nach Neuem verlangt. Das einzelne Leben ist ein Verbrennungsprozess. Es verzehrt sich und erschafft sich neu. Aber das, was aller Nahrung zugrunde liegt, ohne dass es selbst genährt wird, ist Universalbewusstsein – rein, vollkommen, unabhängig, raum- und zeitlos, unnennbar und undenkbar, ohne Eigenschaften und dennoch vollkommene Realität. Das ist unser Ungrund. Um mit ihm verschmelzen zu können, bedarf es einer Ent-Nährung, eines letzten Abendmahls. Das braucht nicht mit zusammengezogenen Augenbrauen in einem von Askese ausgehöhlten Körper eingenommen zu werden, sondern aus der Erkenntnis heraus, nicht mehr am Prozess des Fressens und Gefressenwerdens teilnehmen zu wollen. Wer die Freiheit erlangen will, wird darauf achten, möglichst wenig andere Lebewesen ihrer Freiheit zu berauben und so wenig Nahrung wie möglich zu essen, die mit Gewalt erzeugt wurde und Kummer und Leid verursacht. Dann endlich wird das Töten von Lebewesen, um selbst weiterzuleben, gestoppt, so dass die Dualität von Fressen und Gefressenwerden aufgehoben wird. Nach nichts mehr hungern oder dürsten, macht den Geist unendlich frisch und klar. Das Essen geht weiter, aber jede Form von Ergreifen ist verschwunden. Ein Stoffwechsel findet statt, aber kein innerer Verbrennungsprozess mehr. Gesunde Nahrung, einzigartig in Form und Geschmack, wird zum Genuss.

Der Zenmeister Fuji war bei seinen Schülern sehr beliebt. Aber er hatte eine Gewohnheit, die seine Schüler nicht richtig verstanden. Er aß ab und zu ein Stück Torte. Kurz vor seinem Tod rief er all seine Schüler an sein Bett. »Kommt etwas näher«, flüsterte er. »Ich werde das Geheimnis des Zen lüften!« Alle drängten sich um das Bett, um das Geheimnis zu hören. »Zuerst noch ein Stück Torte«, sagte er leise zu seinem besten Schüler. Nachdem Meister Fuji unter den Blicken seiner Schüler das Stück Torte mit großem Appetit verspeist hatte, bedeutete er ihnen, noch etwas näher zu treten. Alle waren ganz und gar Ohr. Mit einem zufriedenen Lächeln, seinen Kopf in die Kissen zurücklehnend, flüsterte der Meister: »Herrrrlich…!« und hauchte den letzten Atem aus.

Liebe ist …

Und wenn ich prophetisch reden könnte und alle Geheimnisse wüsste und alle Erkenntnis hätte; wenn ich alle Glaubenskraft besäße und Berge damit versetzen könnte, hätte aber die Liebe nicht, wäre ich nichts.
Das Hohelied der Liebe (1 Kor 13,2)

Liebe ist der Grundstoff allen Lebens. Sie ist die Quelle, der Strom, der Saft, die Blüte alles Seienden; die alles durchdringende Energie aller Lebensformen, reines Bewusstsein, in dem es weder Subjekt noch Objekt gibt.

Liebe ist, was wir im Wesentlichen sind. Wir können nichts anderes sein als Liebe. Auch wenn das Chamäleon seine Farbe wechselt, es bleibt dennoch ein Chamäleon. Auch wenn der Töpfer tausend verschiedene Formen aus Ton formt, der Rohstoff bleibt Ton. Auch wenn wir tausend Luftballons in bunten Farben zum Himmel aufsteigen lassen, so enthalten sie doch alle Luft und der Himmel verändert sich dadurch nicht. So ist es auch mit der Liebe. Sie ist in der Lage alles zu transformieren, bleibt selbst aber unveränderlich. Die Perle, die in den Schlamm fällt, erstrahlt im alten Glanz, sobald der Schlamm abgewaschen wird. Das Sonnenlicht, das in Tausende von Strahlen auseinander fällt, stammt dennoch aus ein und derselben Sonne.

Wir sind die Verkörperung von Liebe. Aber da wir uns mit unserem Körper, mit den Sinnen identifizieren, erfahren wir die Liebesenergie nicht mehr. Wir sind gefangen in endlosen Begierden, die niemals erfüllt werden können. Liebe ist das unsichtbare, erhabene Sein, das am Horizont des Friedens aufgeht, wenn alle Begierden im Feuer der wahren Erkenntnis verbrannt sind.

Liebe ist die höchste und tiefste Schwingung allen Lebens. Wenn wir nichts mehr festhalten, nimmt sie uns mit in die erhabene Stille des Ungrunds. Wenn wir alles Anhaften, Urteilen, jegliche Dualität hinter uns gelassen haben, wenn alle Spuren der Vergangenheit in uns ausgelöscht wurden, wenn alle Hoffnung auf eine Zukunft erloschen ist, kann die Liebe in uns erblühen. So wie eine Rose nicht gepflückt werden kann, ohne die Dornen zu spüren, so kann Liebe nicht aufblühen, wenn wir die Dornen von Kummer und Schmerz des Lebens nicht gefühlt haben. Erst wenn wir die Dornen vollkommen annehmen, kann sich der Duft der Liebe verbreiten und alles erfüllen. Durch die Energie der Liebe verbrennt jedes Urteil und jedes Vorurteil. Jegliche Negativität schmilzt wie ein Eiskristall in der warmen Sonne, jeglicher Kummer verdampft wie morgendliche Tautropfen auf der Lilie.

So wie ein blind Geborener keine Vorstellung vom Licht hat, so werden wir, solange wir noch von Unwissenheit verblendet sind, die Liebe nicht wirklich kennen.

Liebe ist die Geburtswiege von Weisheit und Mitgefühl, Herzenswissen in Blüte, süße Worte, die nach Jasmin duften. Liebe ist das strahlende, warme Licht in den Augen, die zärtlich streichelnde Hand, das sanfte Wort, das das Flüstern in die Stille führt. Liebe ist total, umfasst alles, so wie der Liebende seine Geliebte vollkommen umarmt, nicht nur ihr Gesicht oder ihre Hände. Durch die Liebe wird alles, was unbegreiflich war, plötzlich an seinen richtigen Platz gerückt. Alles ist, wie es ist. Vorlieben und Abneigungen lassen wir hinter uns. Nicht durch den Verstand, nicht durch das Gefühl, sondern durch den Strom der Liebe in uns, das Wesen des unermesslichen Geistes, ohne Anfang, ohne Zeit, ohne Grund.

Es gibt nur ein einziges Heilmittel für alle Krankheiten, die den Menschen plagen: die Liebe. Fortschritt wird nicht durch noch mehr Technik, noch mehr Wissen, noch mehr Wohlstand, noch bessere Waffen und noch schönere Kunst erzielt, sondern einzig und allein durch Liebe.

Liebe überströmt das Herz, das sich dadurch öffnet, Liebe führt uns mit in den unermesslichen Ozean von Frieden und Glück. Jeder Staudamm von Unwissenheit oder Widerstand wird vom Strom der Liebe weggespült. Keine einzige Philosophie, kein einziges Wort kann uns lehren, was Liebe ist. Kein Stift kann sie beschreiben, kein Lied sie besingen, kein Gedicht sie in Worte fassen, kein Gemälde sie darstellen, kein Bild sie zum Ausdruck bringen, keine Note sie vertonen. Im stillen Geist ist sie reine Anwesenheit. So wie die Honig suchende Biene den Honig nur im Herzen der Blüte schmecken kann, so kann die Liebe nur im Herzen des Lebens gekostet werden.

Durch die Liebe verwandelt sich die graue, von Gewalt beherrschte Welt plötzlich in eine strahlende, von Frieden erfüllte Welt. Wer das ein einziges Mal, vielleicht auch nur für eine Sekunde, erfährt, wird das Leben nie mehr ablehnen. Er sieht die ganze Welt hier und jetzt im glänzenden goldenen Licht von Tausenden Sonnen. Für ihn ist alles wirklich und unwirklich zugleich. Leer und voll, voll und leer. Er ist und er ist nicht. Es gibt ein Erfahren, aber niemanden, der erfährt. Die Liebe offenbart sich selbst.

Wenn wir das Leben ablehnen, die Welt ablehnen, dann lehnen wir das unergründliche Mysterium ab, das wir selbst sind. Weil wir in Meinungen über das Leben gefangen sind, uns von Begriffen, Ideen, Urteilen und falschen Wahrnehmungen lenken lassen, kann sich die Liebe nicht mehr in uns offenbaren.

Wenn wir das Leben voll und ganz erfahren möchten, dann müssen wir uns für die Liebe öffnen, dann müssen wir uns vom Leben wiegen lassen, wie ein Kind sich von seiner Mutter wiegen lässt. Dann werden wir von selbst wiedergeboren, weil wir es zulassen, dass das Leben unsere Mutter ist und der Ungrund unser Vater. Wenn wir alle Angst und Ablehnung verlieren, breitet sich wie von selbst ein Schutzmantel über uns aus, so wie der Morgennebel mit seinem mystischen Schleier spontan die Berge und Täler umhüllt.

Ein Mensch, in dem sich die Liebe offenbart hat, stellt keine Fragen mehr. In seinen Augen erkennt man ein seltsam klares Licht, die Widerspiegelung der Liebe. Dieses Licht erleuchtet alles, nur nicht sich selbst.

Die Sonne der Liebe geht auf, wenn wir im Gesicht unseres Mitmenschen das Gesicht eines Bruders oder einer Schwester sehen. Wir können Hunderte von Sprachen sprechen, wenn wir die Stille der Liebe nicht kennen, sind wir wie die Spreu des Weizens, die vom Wind verweht wird. Auch wenn wir sämtliches Wissen erworben hätten, würden wir trotzdem irgendwann vor Durst umkommen, solange wir nicht aus dem Becher der Liebe getrunken haben. Dann sind wir wie ein unfruchtbarer Acker, in dem der Samen der Liebe und des Mitgefühls verdorrt. Auch wenn es uns technisch möglich wäre, einen Berg zu versetzen, würden wir in unserem Leben dennoch mit einem Berg von Problemen zu kämpfen haben, solange unsere Hände nicht in der Lage sind, Liebe zu geben und zu empfangen. Was uns beschäftigen sollte, ist nicht die Frage, wie wir es erreichen können, geliebt zu werden, sondern wie wir es schaffen, andere zu lieben.

Scheich Jemal Halveti sollte in der Beyzid-Moschee über Liebe sprechen. Und während sich der Saal füllte, stürmte ein Bauer herein und rief: »Ich suche meinen Esel! Können Sie mir vielleicht beim Suchen helfen?« » Guter Mann, der Esel findet sich schon wieder ein«, sagte der Scheich. »Setz dich ruhig hin«. Und als alle saßen und der Scheich mit seinem Vortrag begann, fragte er sein Publikum, ob sie wüssten, was Liebe sei. Ein Mann stand auf. »Liebe ... Liebe, das ist ... Liebe ist ...« Er konnte nur diese Worte stammeln, und der Meister fragte, ob vielleicht jemand anders erklären könnte, was Liebe sei. Eine Frau stand auf. »Nun, das ist ganz einfach. Liebe ist ... Liebe kann uns ...« Aber auch sie konnte keine Umschreibung geben. Auch die Versuche eines Dritten, die Liebe zu beschreiben, schlugen fehl. Der Scheich wandte sich an den Bauern und sagte: »Sie suchten einen Esel? Hier haben Sie drei!«

Noch einmal über die Liebe

Und der Meister sprach:
Liebe ist die Quelle alles Seienden:
Süßer Nektar, der die
Wurzeln, Zweige und Blätter
des goldenen Lebensbaumes durchströmt,
betörender Duft alles Blühenden
tosender Wellenschlag aller Meere und Ozeane,
frisches Frühlingslüftchen des Lebendigen.

Liebe ist in dem Lachen des unschuldigen Kindes,
und in den Falten der Alten,
Liebe ist in dem hüpfenden Reh,
das seinen Durst an einem rauschenden Gebirgsbach löscht,
und in dem farbenfrohen Falter,
der seine zarten Flügel ausbreitet,
im Frühjahr,
wenn die Erde erblüht.

Liebe ist die Stille,
die quellenlos durch sanfte Worte spricht,
zärtlich, leidenschaftlich und aufrichtig,
Liebe ist die Hand, die immer wieder gibt,
ohne jemals etwas zurückzufordern,
die Pracht aller Sonnen,
aller Sterne und Planeten,
der Kreislauf der Jahreszeiten,
die goldgelbe Getreidegarbe im warmen Sommer,
die offene Sonnenblume, schwarz und reif auf dem Feld.

In einem Tropfen Wasser sind alle Meere enthalten,
in einem Getreidekorn sämtliche Ernten,
in einem Sandkorn die ganze Erde,
in einem Lächeln die zeitlose Freude,
in einer Träne alles Leid,
in einer zärtlichen Berührung alle Befreiung.
Und der Schüler fragte:
Wie kann ich der Liebe begegnen?
Welche Sprache muss ich sprechen?
Welche Bücher lesen?
Welche Gelehrten fragen?
Welche Arbeit muss ich leisten?

Und der Meister sprach:
Was immer da ist, dem kannst du nicht begegnen,
was ohne Worte ist, kann nicht gesagt werden,
was niemals beschrieben wurde,
findet man nicht zwischen Buchdeckeln,
was alles bewirkt und selbst nichts macht,
was überall zeitlos vorhanden ist,
wie könntest du dem begegnen,
während du es selbstlos bist,
während es in der Stille des Sprechens ist,
im Rauschen des Baches,
im Wehen des schlanken Bambus?

Die Gelehrten, sie kennen es nicht,
wer Gott studiert, erfährt es nicht,
wer nach dem Geheimnis
des Lebens sucht,
mit Teleskopen und Mikroskopen,
der wird es nicht finden.

Liebe ist überall,
kein Ort, an dem sie nicht ist,
keine Sprache, die sie nicht spricht,
kein Wissen, das sie nicht zu einer Weisheit macht,
keine Zeit, in der sie nicht ewig vorhanden ist,
und auf den schlanken Beinen der Jugend,
durch alle Lebensformen hüpft und springt;
keine Lippen, die sie jemals verlässt,
keine Augen, deren Licht sie nicht ist.

Ja, im Schmerz und im Leid,
im Staub und in den dürren Feldern,
im hungrigen Kind, im Sklaven, im Meister,
im Sterbenden, im Armen und im Reichen
ist sie, selbst ohne Schmerz,
der Urton alles Seienden.

Wer die Wolken der Unwissenheit hinter sich lässt,
erkennt die ewige Reinheit der Liebe,
riecht den Duft der Liebe, der aus allen
    Windrichtungen herüberweht,
sieht in allen Lebewesen das eine Sehen,
hört in allen Herzschlägen den einen Herzschlag,
wird, was ohne Anfang ist:
die Liebe des Seins,
in einem ewigen Jetzt voller Pracht,
ewig frisch und unberührt.

Zeitlos rein das Leben,
für den, der eintaucht in die quellenlose Quelle
der gestaltlosen Liebe.